Phil Phillips

Aufruhr in der Spielzeugkiste

Verlag der Francke-Buchhandlung GmbH
Marburg an der Lahn

CIP-Titelaufnahme der Deutschen Bibliothek

Phillips, Phil:
Aufruhr in der Spielzeugkiste / Phil Phillips. [Dt. von Litera]
Marburg an d. Lahn: Francke, 1988
(Edition C: F, Brennpunkt die Familie; Nr. 24)
Einheitssacht.: Turmoil in the Toy Box ‹dt.›
ISBN 3-88224-632-4
NE: Edition C/F

Originaltitel: Turmoil in the Toy Box

Deutsch von Litera
Umschlaggestaltung: Herybert Kassühlke / Kernie Erickson
Gesamtherstellung: Schönbach-Druck GmbH, 6106 Erzhausen

Edition C, Nr. F 24

*Dieses Buch
ist meinen Eltern Syvelle und Lovie Phillips gewidmet,
die mich durch ihre Hingabe
und ihr Vorbild
in eine Beziehung zu meinem himmlischen Vater
gebracht haben.*

*Dieses Buch ist auch den Eltern gewidmet,
die möchten,
daß ihre Kinder Gott dienen, und die für dieses Ziel bereit sind,
sich selbst erziehen zu lassen.*

Inhaltsverzeichnis

Einleitung

Dieses Buch möchte ein Bewußtsein dafür schaffen, was heute in der Spielzeug- und Comicindustrie vor sich geht. Es versucht aufzuzeigen, inwieweit die Bereiche des Okkulten, der Gewalt und der übersteigerten Sexualität in diesem Unterhaltungssektor Einfluß auf unsere Kinder nehmen.

Dies soll aber nicht nur ein Blick hinter die Kulissen der Spielzeug- und Comicindustrie sein, sondern auch eine Hilfestellung für den Leser, der nach der Lektüre dieses Buches weiß, wie er seinen Kindern raten kann, »Irrwege« im Bereich der Medien zu vermeiden.

Es ist unmöglich, jedes Spielzeug und jede Comicserie mit einzubeziehen. Eine solche Arbeit würde mehrere Bände füllen.

Trotzdem ist dieses Buch das umfassendste und am sorgfältigsten recherchierte Buch zu diesem Thema, das es zur Zeit auf dem Markt gibt.

1

Das ist mir gar nicht bewußt . . .

Ich rang nach Atem, als der beißende Qualm aus dem grünen, schleimigen Schlamm um mich herum in meine Atemwege drang. Ich spuckte und trat um mich, und mein dreieinhalbjähriger Körper versuchte aus dem stinkenden, zwei Meter tiefen und zwei Meter breiten Schlammloch, in das ich gefallen war, herauszukommen. Während ich langsam immer tiefer in das Loch rutschte, überkam mich eine lähmende Angst. Ich versuchte zu schreien: »Papa, hilf mir!«, aber kein Wort kam über meine Lippen. Plötzlich jedoch fühlte ich die starke Hand meines Vaters nach mir greifen. Mit einem kräftigen Ruck zog er mich in Sicherheit.

Diese Geschichte ist schon vor vielen Jahren geschehen, aber ich kann mich noch genau an die Zeit erinnern, als unsere Familie mit unserem riesigen »Airstream«-Wohnmobil oft in Neu-Mexico und Arizona unterwegs war. Mein Vater, der einige Jahre lang Pastor einer Gemeinde gewesen war, war nun in den Dienst als »Reiseevangelist« zurückgekehrt.

An diesem Tag hatten wir die Hauptstraße verlassen, um ein wenig Rast zu machen. Es war keine besonders schöne Gegend — nur ein schmutziger, verwahrloster Parkplatz am Straßenrand. Das einzige, was man sehen konnte, soweit das Auge reichte, waren Kakteen.

Wir hielten an und stiegen aus. Unser Hund war von der Gegend sehr angetan, und auch ich freute mich, ein wenig herumlaufen zu können. Dies war eine gute Gelegenheit, meinem Vater zu zeigen, wie schnell ich laufen konnte. Er stellte sich so hin, daß er mich gut sehen konnte, und ich ging in Startposition. Dann fiel mir ein, daß ich eigentlich einen Anlauf brauchte, und ging langsam eins, zwei, drei Schritte zurück. Plötzlich hörte ich meinen Vater rufen: »Vorsicht, hinter dir ist eine Grube!« Aber es war zu spät! Ich war bereits rückwärts in das Schlammloch gefallen, wahrscheinlich eine Baugrube. Der Regen hatte es mit Wasser gefüllt, und jetzt schwamm ein grüner, zäher Schlamm an seiner Oberfläche. Ich kann mich auch noch genau erinnern, daß meine Eltern drei Stunden brauchten, um mich wieder sauber zu bekommen. Da stand ich nun splitternackt mitten in der Wüste und wurde vom Schlamm befreit . . .

Wenn ich heute auf Vortragsreisen bin, erzähle ich dieses Erlebnis gern als Beispiel für den Zustand vieler Christen. Sie möchten wirklich nichts anderes, als ihrem himmlischen Vater gefallen, aber sie achten nicht auf die Gruben, die sie umgeben, Löcher, die mit »geistlichem Treibsand« gefüllt sind. Sie haben kein Gespür mehr für Gefahren. Es ist tatsächlich so, daß einige Christen »mit den Füßen im Wasser baumeln« und meinen, dies wird ihr Verhältnis zu Gott nicht belasten. Andere hingegen »fallen« oder »rutschen« hinein. Die meisten Leute jedoch, die in eine Grube fallen, sind sich »nicht bewußt«, daß diese Grube existiert. Dieser Wissensmangel führt viele dazu, nicht nur die Existenz des himmlischen Vaters zu verneinen, sondern auch das Vorhandensein der Grube, in die sie gerade hineingefallen sind.

Wenn man vermeiden will, in Gruben zu fallen, dann muß man wissen, wo sie sich befinden. Allerdings bewahrt auch das nicht immer vor dem »Reinfall«. Wir werden unwillkürlich von ihnen angezogen, so daß wir uns in einer Grube wiederfinden, bevor wir es richtig bemerken. Eine der Gruben, die in unseren Gedanken entsteht, ist die »sexuelle Unmoral«. Wenn man sich mit seinen Gedanken intensiv mit der Phantasiewelt beschäftigt, die durch Fernsehen, Filme oder Literatur angeboten wird, dann ist wahrscheinlich, das man in eine dieser Gruben hineinfällt. (Jesus sagt, daß es bereits Sünde ist, wenn ein Mann eine Frau begehrlich ansieht, Matth. 5,28.) Dies ist eine andere Grube als die, in die ich hineinfiel, denn der Schlamm aus dieser Grube dringt bis in unseren Geist vor. Der Schlamm im geistigen Bereich ist aber viel schwerer zu reinigen als ein verschmutzter Körper. Hierfür ist eine Erneuerung des Geistes nötig.

»Gruben« gibt es aber nicht nur im Erwachsenenleben. Wie mein Beispiel zeigt, können auch Kinder hineinfallen. Comics, die Okkultismus, Gewalt oder Sex zum Thema haben, sind für Kinder genauso schlecht, wie Fernsehsendungen und Filme dieses Genres es für Erwachsene sind. Aus diesen Comics und Spielzeugen entstehen sogar noch andere »Gruben«, in die viele Kinder hineinfallen. Ich möchte besonders Eltern und Großeltern auf die Zusammenhänge, die hinter diesen Spielsachen und Comics stehen und die das Leben unserer Kinder heute so beeinflussen, hinweisen.

Genauso wichtig wie Ihre persönliche Beziehung zu Gott ist die Verbindung, die Ihre Kinder mit Gott eingehen. Was auf Golgatha geschah, ist auch für Ihr Kind lebenswichtig. Gott möchte, daß Ihr Kind geistlich wächst — ebenso wie Sie. Das geschieht allerdings nicht automatisch. Das Säen des guten Samens ist dafür genauso wichtig wie das Wässern und Düngen. Sie brauchen Nahrung durch das Wort, und auch Ihr Kind braucht die Nahrung, die Sie ihm durch Ihr Vorbild und Ihre Erziehung geben.

Das Ziel christlicher Eltern sollte nicht sein, perfekte Kinder zu erziehen, sondern vielmehr, sie in die Welt der Erwachsenen einzuführen, und zwar gesund, glücklich, kritikfähig und geistlich lebendig. Mir ist noch nie ein perfektes Kind begegnet, wohl aber Erwachsene, die ein Zeugnis ihrer Gott wohlgefälligen Eltern waren. Die Notwendigkeit, Kinder in frühen Jahren für Jesus zu gewinnen, kann nicht genug betont werden. Die Bibel sagt, daß die Frohe Botschaft so einfach ist, daß sogar ein Narr sie verstehen kann. Und wenn ein Narr die Botschaft des Evangeliums aufnehmen und die rettende Gnade Jesu Christi erleben kann, dann kann auch ein Kind von zwei oder drei Jahren etwas mit dieser Botschaft anfangen.

Unsere Kinder werden geradezu überflutet mit Spielzeugen und Comics, die okkulte Symbole beinhalten. Sie geben zwar vor, gerade für eine bestimmte Altersgruppe konzipiert zu sein, gehen aber meist weit über das kindliche Fassungsvermögen hinaus. Als Beispiel dafür nenne ich »Robotech«, eine Comicserie aus Amerika mit inzwischen 168 Folgen, deren Konzept sehr sexuell orientiert ist.

Die Bibel bezeichnet die okkulten Praktiken, die in diesen Comics und Filmen vorgestellt werden, als ». . . dem Herrn ein Greuel«. Es liegt in Ihrer Hand, daß die Kinder, auf die Sie Einfluß haben, vor einem großen Betrug bewahrt werden.

2

Eine aufsehenerregende Entdeckung

Die Rolle, die Spielzeug und Comics im Leben eines Kindes spielen, wird von vielen Eltern gar nicht erkannt. Mir erging es ähnlich, bis ich eines Tages in einen Spielwarenladen ging.

Ich hatte für zwei Wochen Vorträge geplant, jeden Abend, ohne einen freien Tag. Kurz vor dieser Reise hatte unser Pastor Bibelarbeiten zum Thema »Fasten und Gebet« gehalten. Er sprach über ein erweitertes »jüdisches Fasten«, bei dem man von Sonnenaufgang bis Sonnenuntergang keine feste Speise zu sich nimmt. Gott hatte mir gezeigt, daß ich diese Art von Fasten während meiner Vortragsreise einhalten sollte; und so ernährte ich mich in dieser Zeit hauptsächlich von Säften und Vitaminen.

Ich war gerade in Florida, als ich eines Tages in ein Einkaufszentrum ging, um mir Rasiercreme zu kaufen. Als ich das Geschäft verließ, tat ich etwas, was ich seit Jahren nicht gemacht hatte — ich ging in ein Spielwarengeschäft. Das erste Spielzeug, das mir sofort ins Auge fiel, hieß »Skeletor«, ein Wesen, das einen Stab mit einem Widderkopf an seiner Spitze in seiner Hand hielt. Den Widderkopf erkannte ich als ein okkultes Symbol. Das war für mich Grund genug, dieses Spielzeug zu kaufen. Als ich in meinem Hotelzimmer ankam, packte ich es gleich aus. In der Packung lag ein kleines Comicheft, das ich mit großer Verwunderung las. »Wie kann ein vernünftiger Mensch so etwas einem Kind verkaufen?« dachte ich. Es war von der ersten bis zur letzten Seite vollgestopft mit okkulten Dingen!

Meine Besorgnis wuchs noch, als ich das Heft zu Ende gelesen und die okkulten Symbole entschlüsselt hatte. Die Geschichte in diesem Buch war der biblischen Schöpfungsgeschichte sehr ähnlich. Der wesentliche Unterschied bestand allerdings darin, daß es Satan und nicht Gott war, der die Erde geschaffen hatte. Die satanischen Mächte herrschten nicht nur über die bösen Kreaturen, sondern auch über die guten.

Bevor ich an diesem Abend mit meinem Vortrag begann, erzählte ich der Gemeinde von meinem Erlebnis im Spielwarengeschäft. Und wie schockiert war ich, als ich später erfuhr, daß eine ganze Reihe von Eltern dieses Spielzeug kannten und ihre Kinder damit spielen ließen. Wie konnte es sein, daß erfahrene christliche Eltern so wenig geistliches Einfühlungsvermögen besaßen . . . »Ich glaube es einfach nicht!« sagte ich zu mir selbst, als ich spät am Abend mein Hotelzimmer betrat. »Kinder aus dieser bibelgläubigen Gemeinde haben okkultes Spielzeug zu Hause! Wenn das der Fall ist, dann ist dieses Spielzeug vermutlich überall in christlichen Familien zu finden!«

Ich hatte damals noch keine Vorstellung davon, wie weit diese Spielzeugserie bereits verbreitet war; ich wußte auch nichts von dem Einfluß, den sie auf Kinder ausübte. Am nächsten Morgen jedoch, als ich meine Sachen packte, legte ich das Spielzeug auf den Rücksitz meines Autos und dachte nicht mehr daran. Nachdem ich drei weitere Vorträge in Louisiana gehalten hatte, machte ich mich auf den Heimweg nach Dallas. Die einzige Straße, die ich benutzen konnte, war meist zweispurig. Was das bedeutet, wissen Sie: man fährt stundenlang hinter einer »Rostlaube« her, deren tabakkauender Fahrer nie über 60 km/h fährt. Wenn Sie es dann endlich schaffen, ihn zu überholen, fahren Sie bestimmt gerade zu schnell durch eine Ortschaft und geraten in eine Radarfalle.

Es war also keine besonders angenehme Fahrt, doch ich versuchte, das Beste daraus zu machen. Ich hörte einen christlichen Radiosender. Plötzlich war mir, als hörte ich Gottes Stimme sagen: »Phil, weißt du eigentlich, was geschieht, wenn sich Kinder mit einem Spielzeug beschäftigen?« Es war wie ein leises Fragen in meinem Innern. Gott machte mir während dieser Fahrt klar: Wenn Kinder spielen, projizieren sie ihre ganze Vorstellungskraft in ihr Spielzeug. Sie geben ihm Leben, Charakter, Fähigkeiten und Talente und bestimmen seine Umgebung. Auf diese Art und Weise lernen sie. Und durch Spielzeuge wie das, das auf meinem Rücksitz lag, gewinnt Satan die Kontrolle über Millionen Kinder überall auf der Welt. Gott wollte, daß ich etwas dagegen tun sollte.

»Herr, ich bin doch Evangelist, kein Kinderevangelist!« sagte ich. Aber dann erlebte ich, wie der Heilige Geist auf mich einwirkte. Es war ein ähnlich intensives Erlebnis wie an dem Tag, als der Herr mich mit 18 Jahren in seinen Dienst rief. Vielleicht war das auch nötig so, denn hier fand eine totale Richtungsänderung statt. Vor einigen Monaten hatte mich ein Evangelist, der sich in seinem Dienst besonders mit den Gefahren der Rockmusik beschäftigt, gebeten, ihm bei seiner Arbeit zu helfen. Er wollte sein Material zur Verfügung stellen und die vielen Vortragstermine, die er alle gar nicht wahrnehmen konnte, an mich weitergeben. Aber ich hatte das Gefühl, daß dies nicht der Dienst war, den ich tun sollte. Und jetzt, hier im Auto, machte ich diese Erfahrung, die mein Leben um 180 Grad drehte.

Als ich wieder zu Hause war, gab ich fast 100 DM für Spielzeug aus und las sehr sorgfältig alle Beschreibungen durch, die den Packungen beigelegt waren. Einige Abende später hatte ich dann wieder einen Vortrag zu halten, und ich erzählte den Zuhörern von meinem Erlebnis. Ich las ihnen sogar aus den Beschreibungen vor, zeigte ihnen einige Spielsachen und wies sie auf die okkulten Symbole hin, die verwendet wurden. Das war der Beginn meines Aufklärungsdienstes über die Gefahren bei Spielzeugen und Comics.

Die nächsten fünf Monate brauchte ich, um verschiedene Spielzeuge und Comicserien und ihre Auswirkungen auf Kinder zu untersuchen. Ich stellte eine Diaserie zusammen, der ich das Thema gab: »Eine Generation wird betrogen.« Und dann begann ich, überall, wo ich eingeladen wurde, über dieses Thema zu sprechen und die Diaserie zu zeigen. In dieser Zeit machten sich sogar meine Eltern Sorgen um mich, denn ich hatte mein Auto verkauft und lebte praktisch von nichts. Ich gab mehr Geld für Projektoren und Ausrüstung aus, als ich durch die Vorträge einnehmen konnte. So blieb mir also gar keine andere Wahl, als mein Auto zu verkaufen, meinen Bruder anzupumpen und auf Wunder zu warten.

Der Mann, der mir bei der Zusammenstellung der Diaserie behilflich war, hieß George. Er ist ungewöhnlich begabt, und ich bin sicher, daß Gott unser Zusammentreffen selbst »organisiert« hatte. George bot sich an, mir die Ausrüstung zu Großhandelspreisen zu besorgen. Er zahlte sogar selbst einen Teil und meinte, ich solle es ihm ruhig später zurückzahlen. Das war das erste Wunder!

»Zunächst fotografierte ich das Spielzeug, aber die Aufnahmen wurden nicht besonders gut. Ein Freund von mir, ein anerkannter Fotograf, sah die Bilder und meinte, das könne man besser machen. Ich hätte nie gewagt, ihn um seine Hilfe zu bitten, weil ich seine Preise sehr wohl kannte. Als er mir jedoch die Abzüge brachte, wollte er dafür keine Bezahlung. So erlebte ich ein Wunder nach dem anderen.

Mein Freund berichtete mir allerdings, daß während des Fotografierens eigenartige Dinge geschehen seien. Er hätte Probleme mit seiner Profi-Ausrüstung gehabt, Sicherungen seien rausgeflogen, Lampen geborsten — alles Dinge, die einem Berufsfotografen nicht sehr häufig passieren. Ihm blieb keine andere Wahl, als meine Eltern anzurufen und sie zu bitten, mit ihm zu beten. Nachdem sie das getan hatten, konnte er ohne Probleme weiterarbeiten. Es war also ganz offensichtlich, daß Satan versuchte, bereits den Beginn meines Dienstes zu unterbinden.

Als George später die Fotoabzüge sah, wuchs sein Interesse an dem Projekt. Auch der Kindergottesdienst-Leiter in meiner Gemeinde ermutigte mich. Aber sonst waren es nicht viele, die die Wichtigkeit dieses Dienstes sahen und interessiert zuhörten, wenn ich über Spielzeug redete. Die meisten dachten wohl, ich erlaube mir einen Scherz.

Trotzdem war ich unerschütterlich davon überzeugt, daß Gott diesen Dienst wollte. Ich erkannte mehr und mehr, wie wichtig und wertvoll Kinder in Gottes Augen sind. In Matthäus 18,6 ff. sagt Jesus deutlich, was er von den Menschen hält, die ein Kind ablehnen:

»Wer aber Ärgernis gibt einem dieser Kleinen, die an mich glauben, dem wäre besser, daß ein Mühlstein an seinen Hals gehängt und er ersäuft würde im Meer, wo es am tiefsten ist. Wehe der Welt der Ärgernisse halben! Es muß ja Ärgernis kommen; doch wehe dem Menschen, durch welchen Ärgernis kommt! Sehet zu, daß ihr nicht jemand von diesen Kleinen verachtet. Denn ich sage euch: Ihre Engel im Himmel sehen allezeit das Angesicht meines Vaters im Himmel. Also ist's auch bei eurem Vater im Himmel nicht der Wille, daß eins von diesen Kleinen verloren werde.«

Gott hat Kinder unter die Obhut ihrer Eltern gestellt. Er erwartet somit von den Eltern, daß sie ihre Kinder führen und sie die »Früchte des Geistes« lehren, die in Galater 5,22-23 erwähnt sind. Dazu gehören Liebe, Freude, Friede, Geduld, Freundlichkeit,

Güte, Glaube, Sanftmut, Keuschheit. Bevor er auf die Früchte des Geistes eingeht, beschreibt Paulus in den Versen 19-21 die Verhaltensweisen, die Gott nicht gefallen:

»Offenbar sind aber die Werke des Fleisches, als da sind: Unzucht, Unreinheit, Ausschweifung, Götzendienst, Zauberei, Feindschaft, Hader, Eifersucht, Zorn, Zank, Zwietracht, Spaltungen, Neid, Saufen, Fressen und dergleichen, von welchen ich euch vorausgesagt habe und sage noch einmal voraus, daß, die solches tun, werden das Reich Gottes nicht erben.«

Ein Großteil der Spielzeuge, die es heute zu kaufen gibt, haben aber gerade das zur Grundlage, vor dem Gott warnt: Zauberei, Abgötterei, Zwietracht und Feindschaft.

3

Nehmen wir einmal an...

Ein Kind projiziert seine ganze Vorstellungskraft in das Spielzeug, mit dem es sich gerade beschäftigt. Somit wird das Spielzeug ein ausgelagerter Teil des kindlichen Wesens. Es wird real, ebenso wie seine Eltern und die übrige Umwelt. Es kommt zu einer Identität mit dem Spielzeug. Und diese neue subjektive Natur des Spielzeugs beinhaltet grenzenlose Möglichkeiten, die nur vom Interesse des Kindes bestimmt werden. Es ist wissenschaftlich bewiesen, daß Spielzeug ein wichtiger Teil des kindlichen Gesamtumfeldes ist und die kindliche Moral und sozialethischen Wertmaßstäbe mitbestimmt.

Im Spiel lernen Kinder die Welt um sich herum kennen. Der kindliche Geist ist wie ein Schwamm, der alles aufsaugt, was ihn umgibt. Die Eindrücke, die so aufgenommen werden, werden zu Bausteinen der kindlichen Welt. Die Vorstellungskraft hängt eng mit der Kreativität zusammen. Obwohl eine Definition schwerfällt, könnte man die Vorstellungskraft als die Fähigkeit beschreiben, zwei Fragen zu stellen, nämlich: »Was wäre, wenn?« und »Warum nicht?«

Obwohl die Vorstellungskraft oder Phantasie eine Gabe Gottes ist, kann sie durch äußere Kräfte beeinflußt und pervertiert werden. Zu den Kräften, die die kindliche Entwicklung beeinflussen, gehören die Eltern, Spielzeug, Fernsehen, Filme, Bücher und Zeitschriften, Musik, Pornographie und Gruppenzwang. Natürlich ist das elterliche Verhalten der wesentlichste Einfluß. Leider sind die

Eltern aber oft »zu beschäftigt«, um einen großen Teil ihrer Zeit mit den Kindern zu verbringen. Dann wendet sich das Kind notgedrungen anderen Lernquellen zu, und diese beeinflussen dann die kindliche Phantasiewelt. Sie formen Vorbilder im kindlichen Geist, die später während des Spiels übernommen und auch in das tatsächliche Leben integriert werden.

Wenn Kinder spielen, dann geht es meist um »Stell dir einmal vor . . .«. In seiner Phantasie denkt sich ein Kind in Situationen hinein oder erarbeitet Reaktionen und imitiert dabei Menschen und Ereignisse mit seinen eigenen Worten. In seiner Vorstellung werden Spiel und Spielmaterial zu Miniaturen der Erwachsenenwelt. Es benutzt dieses Spielzeug, beschäftigt sich mit ihm und lernt dann von ihm. Oft »wird« das Kind dann auch im Spiel zu einem bestimmten Charakter, mit allen Möglichkeiten und aller »Macht«, die dieser Charakter besitzt. Dieses Verhalten kann man sehr gut beobachten, wenn Kinder »Familie« spielen. Sie stellen sich dann vor, Erwachsene zu sein, die Autorität über ihre Kinder (Puppen und Stofftiere) besitzen. Dies ist gut so, denn das Kind übt dadurch eine Rolle, in der es sich später wiederfinden wird. Wenn Kinder sich allerdings ständig vorstellen, sie wären eine mystische Figur, dann »erschaffen« sie im Spiel keine reale Welt. Das Problem liegt auch darin, daß der Mensch in einer solchen Situation Gefahr läuft, Phantasie und Realität zu verwechseln — besonders dann, wenn die Phantasie mit Okkultismus erfüllt ist.

Einige Experten behaupten, Phantasie zu haben wäre gut und gesund. Psychologen ermutigen ihre Patienten, ihre Phantasie einzusetzen, um persönliche Tragödien oder körperliche und emotionale Rückschläge aufzuarbeiten. Andere dagegen meinen, daß es schädlich sei, zu phantasieren. Die meisten Psychologen stimmen darin überein, daß es nach persönlichen Tragödien hilfreich sein kann, mit Wünschen und Phantasien zu arbeiten; es muß jedoch stets gewährleistet sein, daß der Patient ein klares Realitätsverständnis behält.

Einige Einflüsse auf die Vorstellungskraft des Kindes können im Lernprozeß hilfreich sein. Fernsehsendungen und Bücher erweitern den kindlichen Horizont und machen das Kind mit Situationen bekannt, die es niemals zuvor gesehen hat, und stellen ihm Menschen vor, die es niemals getroffen hat. Spielzeuge geben dem Kind die Möglichkeit, der Phantasie freien Raum zu lassen und sich nicht mit vorgefertigten Schemata zufriedenzugeben. Trotzdem kann dieser gute Einfluß extrem gefährlich werden, wenn okkulte Symbole und Gewalttätigkeiten Verwendung finden. Das führt dazu, daß das Kind mit der satanischen Welt bekanntgemacht wird. Wenn die Phantasiewelt von diesen bösen Einflüssen geleitet und nicht korrigiert wird, kann dies zu einer Saat der Gewalt werden, die später aufgeht. Es sind genügend Fälle dokumentiert, in denen Kinder (oder Erwachsene) sich selbst oder andere getötet haben, als sie sich im Stadium ihrer unkorrigierten Vorstellungswelt befanden.

Wenn man die Phantasie erziehen will, tut man gut daran, Fernsehsendungen, Bücher und Spielmaterialien zu meiden, die Okkultismus, Gewalt oder sexuelle Inhalte vermitteln. Dies sind die Bereiche, die Satan benutzt, um den kindlichen Geist mit negativen und fleischlichen Phantasien zu füllen. Phantasiespiele, die nicht die Entdeckung der realen Welt zum Ziel haben, sondern das Kennenlernen der magischen Welt, sind »verlorene Phantasien«. Während Kinder sich mit diesen »verlorenen Phantasien« beschäftigen, erheben sie sich oftmals über Gott, indem sie Verhaltensweisen imitieren, von denen sie annehmen, sie seien mächtiger als alles.

Die kindliche Gedankenwelt wird auf heimtückische Weise verdorben. »Niedliche« Dinge wie Spielzeug werden benutzt, um die kindliche Gedankenwelt mit Gewalt, Angst und Sex zu füllen. Dies kann man nur als heimtückischen Betrug bezeichnen. Eine böse und korrupte Vorstellung wird so lange aufgebaut, bis sie für das Kind zur Realität wird.

Eltern können ihre Kinder jedoch vor diesem heimtückischen Betrug bewahren, indem sie ihnen eine gesunde Phantasiewelt anbieten. Es ist doch auch so, daß verantwortungsbewußte Eltern ihre Kinder nicht nur Hamburger und Pommes frites essen lassen. Helfen sie ihnen nicht, eine ausgewogene, nahrhafte Mahlzeit zu sich zu nehmen? Warum sollte dies nicht auch für die Welt des Spiels gelten? Der Grund wird darin liegen, daß Eltern nicht die Gefahr sehen, die in diesem Bereich lauert. Natürlich haben sie nie ganz die Kontrolle über die Vorstellungen, die ihr Kind »aufsaugt«, aber sie können sehr wohl helfen, gute Verhaltensweisen zu entwickeln und bereits früh einen »gesunden« Geschmack zu kultivieren.

Wenn Eltern Spielzeug anbieten, das nicht bereits auf einer vorgefertigten Idee beruht, geben sie dem Kind die Möglichkeit zu einer gesunden Entwicklung des Phantasiespiels. Das Kind sollte aus seiner eigenen Erfahrung dem Spielzeug »Leben einhauchen«, und nicht eine Comic-Figur imitieren. Ein gesundes Phantasiespiel ist mit Spielzeug möglich, das

1. *kindlichen Gefühlen, Gedanken und Vorstellungen Ausdruck verleiht.*
2. *Kindern erlaubt, ihre Erfahrungswelt zu ordnen — nicht mit ihr zu kollidieren und*
3. *Kindern ein gutes Selbstwertgefühl gibt, wenn sie ihre eigenen Gedanken ausdrücken.*

Obwohl das Phantasiespiel also ein wichtiger und gesunder Teil der kindlichen Entwicklung ist, kann zuviel davon die Teilnahme am »sozialen Spiel«, einer anderen wesentlichen Phase der Kindheit, verhindern. Das soziale Spiel macht es dem Kind möglich, mit anderen Kindern gemeinsam zu lernen, die reale Welt zu entdecken und festzustellen, wie es sich selbst in bezug zur Umwelt einordnen kann. Die moderne Gesellschaft betont den Wert des Individuums, doch das untergräbt den Wert der Familie und hat einen negativen Effekt auf die kindliche Entwicklung. Heutzutage spielen die Kinder zuviel allein, das heißt, sie nutzen Spielzeug und Fernsehen, um ihre eigene Vorstellungswelt zu bauen — aber das ist immer ein »einsames« Spiel. Ganz im Gegensatz zu dieser modernen Entwicklung der Vereinsamung und des Einzelspiels war spielen — historisch gesehen — immer eine soziale Aktion. Nur den Reichen war es möglich, Spielzeug zu kaufen. Das hatte zur Folge, daß Kinder aus ärmeren Familien geradezu gezwungen waren, miteinander zu spielen. Es ist auch erwiesen, daß Kinder heute, obwohl sie sehr viel Zeit im Einzelspiel verbringen, lieber mit Spielkameraden zusammen wären, wenn sie die Wahl hätten.

Ich werde oft gefragt, wie Jesus denn gespielt habe, als er ein kleines Kind war. Ausgehend von der Tatsache, daß Jesus nicht in einer wohlhabenden Familie geboren wurde, verbrachte er wahrscheinlich viel Zeit mit seinen Brüdern und Kameraden. Und da Galiläa nahe am See liegt, kannte sich Jesus sicher auch mit Wasser aus. Wir wissen, daß er sich gern in der Nähe des Sees aufhielt, und zumindest eine seiner Predigten wurde von einem Boot aus gehalten. So würde ich meinen, daß Jesus als Kind viel Zeit am Wasser verbracht hat.

Bevor wir erwachsen werden, haben viele von uns die Neugierde verloren, die so charakteristisch für die kindliche Vorstellungswelt ist. Leider verlieren Kinder heute schon sehr früh diese Neugierde, weil die okkulten Symbole in Spielzeugen und Comics ihre Phantasiewelt überlagern. Wenn aus dem Kind ein Teenager geworden ist, wird es mehr von der Welt des Okkulten als von Gott wissen, es sei denn, seine Eltern haben die christlichen Werte in ihm gefestigt. Somit sind alle kindlichen Wertvorstellungen und Verhaltensweisen unter Beschuß gekommen. Wir haben es heute mit einer aufwachsenden Generation zu tun, die sich in ihrem Verhalten gegen Gott gewendet hat.

4

Die Brücke zum Erwachsensein

Spielen — diese wunderbare Welt der Phantasie, Einbildung und des Rollenspiels — ist für Kinder ungemein wertvoll. Nur sie bringen es fertig, stundenlang im Sand zu spielen oder mit Klötzen zu bauen, ohne daß es ihnen langweilig wird. Wir können nur staunend zusehen, wie diese kleinen Wesen die Welt um sich herum neu erschaffen. Manchmal allerdings ist diese neue Welt gar nicht so lustig. Dann fragen wir uns, ob zuviel Spiel nicht auch gefährlich für das Kind sein kann. Wenn wir es aber genau betrachten, muß das nicht sein.

Für ein Kind ist »Spiel nicht vornehmlich die Suche nach Vergnügen, sondern ein Mittel zur Informationsgewinnung über seine Umgebung«. Kinder müssen lernen, wie sie in einer symbolischen und kulturellen Welt zu leben haben, sie müssen Ziele suchen, Ereignisse erkennen und darauf reagieren, Menschen und Dinge in ihr Weltbild einordnen und mit Problemen des menschlichen Zusammenlebens fertig werden. Durch das Spiel — entweder allein oder in der Gruppe — lernt das Kind unter Zuhilfenahme von verschiedenem Spielzeug, sich in der es umgebenden Welt zu orientieren und die Erwachsenenrolle einzuüben. Die Grundlage für den kindlichen Charakter wird bereits in den ersten Jahren gelegt. Vorschüler verbringen mehr Zeit mit Spiel als mit irgend etwas anderem. Daraus kann gefolgert werden, daß sowohl die Qualität wie auch die Quantität des kindlichen Spiels nicht auf die leichte Schulter genommen werden sollte. Vielmehr ist das Spiel ein Teil des Verhaltenstrainings und der Formung des Charakters. Grundlegende Verhaltensweisen und Charakterzüge werden durch spezifische Situationen im kindlichen Erlebnis eingeübt, also vornehmlich durchs Spiel. Wie der Erwachsene lernt auch das Kind effektiver, wenn es an dem, was es gerade tut, Freude hat. Und da Spiel eine für Kinder erfreuliche Tätigkeit ist, hat es eine enorme Auswirkung auf ihre Weltsicht.

Erwachsene können die Weltsicht des Kindes beeinflussen, indem sie Spielzeug auswählen, das das Kind in seinem Wachstums- und Lernprozeß unterstützt. Gerade Spielzeug sollte sorgfältig ausgewählt werden, weil es das Denken und Lernen des Kindes stark prägt. Zum Beispiel sollten Erwachsene, die für eine friedliche Gesellschaftsordnung eintreten, ihren Kindern Kriegsspielzeug verbieten. Sonst könnte es passieren, daß Kinder lernen, daß Probleme am einfachsten durch Gewalt, Aggression und ein »Sich-Durchboxen-zum-Sieg« gelöst werden. Auch sollte Spielzeug, das dem Kind Angst einflößt, vermieden werden. Kinder brauchen Spielzeug, das sie in ihre individuelle »private Welt« integrieren können, Spielbegleiter, die ihnen Sicherheit geben in einer Erwachsenenwelt, die ihnen oft seltsam und sogar Angst einflößend vorkommt. Als Erwachsene möchten wir, daß Kinder »die Großen« als warmherzig, freundlich und hilfsbereit kennenlernen und die Welt als angenehmen, geordneten Platz. Darum sollten Kinder auch ermutigt werden, mit Puppen und Stofftieren zu spielen; denn dadurch können sie neue Verhaltensweisen ausprobieren und lernen, die Erwachsenen um sie herum zu imitieren.

Durch das Spiel wird »in dem Kind die Grundlage für die Entwicklung einer ganzheitlichen Persönlichkeit und die Fähigkeit, sich in der Welt, in der es lebt, zu seiner Zufriedenheit einzurichten, gelegt«. Kinder lernen also im Spiel, wie etwas funktioniert und wie man Probleme löst. Sie finden auch heraus, wie man Gefühle entwickelt, Ideen präsentiert, seinen Körper kontrolliert, Vorstellungen und Kreativität entwickelt und ausdrückt, Gefühle zeigt, Energie gesund einsetzt und wie man es lernt, sich mehr und mehr zu konzentrieren.

Sorgfältig ausgewählt, ist Spielzeug ein Hilfsmittel zur Entwicklung einer »ganzheitlichen Persönlichkeit«. Das Kind wird zu einer »runden, differenzierten Persönlichkeit, in der die verschiedenen Persönlichkeitsbereiche sich zu einem großen Ganzen ergänzen und in dem physische und geistige Gesundheit und soziale Anpassungsfähigkeit wesentliche Bestandteile sind«. Wir müssen uns daran erinnern, daß das Kind durch seine Umgebung lernt. Und da Spielzeug ein wesentlicher Teil der kindlichen Umgebung ist, spielt es auch eine wesentliche Rolle in seiner geistigen Entwicklung und Förderung.

Damit es der kindlichen Entwicklung weitgehendst förderlich ist, sollte Spielzeug die folgenden Kriterien erfüllen:

Es sollte in Größe und Form dem Kind entsprechen, es sollte sowohl lehrreich sein als auch Spaß machen, es sollte dem Kind helfen, seine Lebensberechtigung und seinen Platz in der Welt zu finden, es sollte der guten Beziehung zu anderen Menschen förderlich sein und es sollte Neugier, Phantasie und kreatives Denken wecken.

Aber vor allem sollte Spielzeug dem Kind helfen, seine Erfahrungen zu klären und richtig einzuordnen. Spielzeug sollte die positiven Werte, die wir dem Kind mitgeben möchten, verstärken und ihnen nicht entgegenwirken.

Wir dürfen auch nicht vergessen, daß Spielzeug an sich nicht den hauptsächlichen Einfluß auf die kindliche Entwicklung hat. Untersuchungen von Entwicklungspsychologen haben vielmehr gezeigt, daß der Einfluß von Spielzeug auf die kindliche Entwicklung erst an zweiter Stelle hinter dem Verhaltensvorbild von Eltern und anderen Erwachsenen rangiert. Daher raten diese Experten, daß Erwachsene sich täglich Zeit in ihrer Alltagsroutine reservieren sollten, um mit ihren Kindern zu spielen. Kürzlich stand in einer großen amerikanischen Zeitung ein Artikel, in dem eine Mutter vorgestellt wurde, der es nichts ausmachte, von ihren Nachbarn als »etwas eigenartig« angesehen zu werden, weil sie ihren Kindern eine der wichtigsten Fähigkeiten im Leben beibrachte: wie man spielt.

»Ich spiele mit ihnen im Sand, spritze sie mit dem Wasserschlauch naß und krieche mit ihnen auf dem Boden herum. Es dauerte einige Zeit, bis es auch mir Spaß machte, aber dann fand ich heraus, daß man eine Menge über sich und andere lernen kann, wenn man mit den Kindern zusammen auf dem Boden herumkriecht.« Prof. Brian Sutton-Smith von der University of Pennsylvania/Philadelphia sagt, daß Spiel keine angeborene Fähigkeit ist. Kinder spielen nicht instinktiv; sie müssen vielmehr von anderen lernen, wie man spielt. Viele Erwachsene vernachlässigen ihre Verantwortung, weil sie viel zu beschäftigt mit ihren Arbeiten und

Verpflichtungen sind. Das Resultat ist, daß Fernsehen ein Elternersatz wird, der die Kinder buchstäblich alles — von der Sexualität bis hin zu Gott — lehrt. Es wäre viel besser, wenn diese Werte durch die Eltern selbst vermittelt werden würden. Denn wer zuviel fernsieht, akzeptiert das Dargebotene tatsächlich als Realität.

Im Durchschnitt sehen Kinder zwischen zwei und fünf Jahren in den USA jede Woche mehr als 30 Stunden fern; dadurch wird fernsehen zur Hauptbeschäftigung im kindlichen Leben. Es wird zum Ersatz für lebenswichtige Spielaktivitäten, es ersetzt Aktivität durch Passivität. Kinder müssen angeregt werden, um etwas zu lernen und sich zu entwickeln. Die passive Natur des Fernsehens jedoch tendiert dazu, das Kind zu hypnotisieren und die Verbindungen zwischen ihm selbst und der Welt aufzulösen. Das Fernsehen nimmt dem Kind die Möglichkeit, aktiv auf eine von außen kommende Stimulans zu reagieren. Als Resultat ist das Kind einem Bombardement von Tönen und Bildern ausgesetzt, unfähig, diesen »Angriff« zu kontrollieren oder zu ändern. Fernsehen raubt dem Kind also die notwendigen Spielstunden, die es für eine gesunde Entwicklung braucht.

Es ist sehr aufwendig, den passiven Einfluß des Fernsehens durch einen aktiven Lernanreiz für das Kind zu ersetzen. Daher sollten Erwachsene das Fernsehen mit Aktivitäten kombinieren. Es ist zum Beispiel möglich, eigene »Fernsehshows« zu entwickeln, indem man hinter einem ausgeschnittenen Karton-Bildschirm mit Puppen und Stofftieren Theaterstücke aufführt.

Zunächst sollte man sicherstellen, daß die Fernsehsendungen, die das Kind sehen möchte, keine okkulten oder gewalttätigen Praktiken enthalten. Dann sollte das Kind angeregt werden, in dem kreativen Puppenspiel seine Phantasie einzusetzen. Eltern müssen auch mit ihren Kindern über Fernsehsendungen sprechen und ihre Meinung herausfinden. Dadurch wird ein passives Erlebnis ebenfalls zu einer aktiven Erfahrung.

Wenn es auch einigen Familien gelingt, das Fernsehen zu einem aktiven Erlebnis zu machen, bleibt es trotzdem unbestritten, daß je mehr ein Kind fernsieht, desto größer der negative Einfluß auf seinen Lern- und Entwicklungsprozeß ist. Dies ist nicht nur der Qualität der Sendungen zuzuschreiben, die das Kind ansieht, sondern auch der Vielzahl von Einflüssen durch die Sendungen.

Vor einem halben Jahrhundert schon stellte Jean Piaget, ein Pionier auf dem Gebiet des kindlichen Lernens, fest, daß Kinder hauptsächlich durch selbstmotiviertes Entdeckungsspiel lernen, indem sie sowohl Probleme herausfinden als auch Lösungen spielerisch erarbeiten. Menschliche Wesen sind so angelegt, daß sie Erfahrungen durch Versuch und Irrtum machen. Auch Kinder folgen im Spiel diesem menschlichen »Gesetz des Überlebens«.

5

Symbole einer realen Welt?

Wir alle besaßen Spielzeug, auch wenn wir aus einer armen Familie stammen. Manche hatten mehr, andere weniger. Aber es mag Sie erstaunen, daß es nicht zu allen Zeiten Spielwaren gab. Erst in der zweiten Hälfte des achtzehnten Jahrhunderts wurde mit der industriellen Herstellung von Spielzeug begonnen. Zu der Zeit zogen Spielzeugausstellungen wie Zirkusse durchs Land, und in allen größeren Städten wurden Spielzeuggeschäfte eröffnet.

In dieser Zeit, im Anbruch des Spielzeugzeitalters, wurden besonders in England die Kinder zum erstenmal als Konsumenten — als eigenständige Zielgruppe und nicht als kleine Erwachsene — beachtet. Zum ersten Mal erschienen Bücher, die nur für Kinder geschrieben waren, in einfacher Sprache und großer Schrifttype. Auch die Mode entdeckte die Kinder und entwickelte Kleider, die auf die kindlichen Bedürfnisse zugeschnitten waren. Kinder aus der Mittelschicht wurden damals auf Grundschulen geschickt, auf denen die Jungen die neuen wirtschaftlichen und die Mädchen die sozialen Möglichkeiten der industriellen Revolution erlernen konnten.

Auch die Eltern der Unterschicht versuchten, ihren Kindern den Zugang zu diesen Schulen zu ermöglichen.

Mit der Zeit gewann Spielzeug zunehmend Einfluß auf die Veränderungen in der Familienstruktur. Das heißt nicht, daß Spielzeug grundsätzlich einen schlechten Einfluß hatte. Aber auf eine Weise wurde es zum Elternersatz.

Vor dreihundert Jahren war die Familie das Zentrum, in dem sich Arbeit, Politik, Religion, Ausbildung und Reproduktion abspielte. Heute allerdings sind diese Funktionen anderweitig vergeben — an Fabriken, politische Parteien, Kirchen, Schulen und Familienplanungszentren. Die moderne Gesellschaft ehrt alles, was die Leistungen des einzelnen in Schule und Beruf fördert. In einem Fachartikel war kürzlich zu lesen, daß »die Menschen ausgezeichnet werden, wenn sie die öffentliche Welt der Arbeit und des Erfolgs der privaten Welt von Ehe, Kinder, Familie, Gemeinschaft und Kirche vorziehen«. Spielzeug kann somit ein Mittel sein, das den vielen Kräften zur Familienspaltung, die die moderne Gesellschaft aufbringt, entgegenwirkt. Daher setzen Eltern auch bewußt Spielzeug ein, um die Familienmitglieder an den »Zusammenhalt« zu erinnern, der erhalten werden soll. Hierin liegt jedoch ein Widerspruch. Obwohl die Eltern mit Spielzeug erreichen möchten, daß die sozialen Bande und das Gefühl des Zusammenhalts verstärkt werden, verbringt die Familie nicht viel Zeit im gemeinsamen Spiel. Die Eltern, die am Weihnachtsabend mit ihren Kindern auf dem Teppich sitzen und die neuen Spiele ausprobieren, tun etwas, was sich im Laufe des Jahres nicht oft wiederholen wird. Andererseits gehen viele Eltern davon aus, daß der Hauptzweck des Spielzeugs ja der ist, daß Kinder sich selbst beschäftigen können und nicht den Eltern die Zeit stehlen, die sie für ihre Karriere brauchen. Es ist also ein Phänomen unserer Zeit, daß Spielzeug zu einer »Krücke« geworden ist, auf die sich die Eltern sehr stützen.

Die moderne Gesellschaft legt Wert auf das Streben des einzelnen nach Leistung. Spielzeuge können diesen Aspekt verstärken, indem sie das Kind zu einsamer, unpersönlicher Aktivität verleiten. Und doch führt zuviel Einzelspiel, ebenso wie zuviel fernsehen, zur Unfähigkeit des Kindes, sich mit anderen Kindern zu beschäftigen und eine Persönlichkeit zu entwickeln, die sich in der Gesellschaft zurechtfindet. Wenn ein Kind jedoch nie mit Spielzeug spielen würde, würde es auch seine Phantasie nie ganz entwickeln können. Wir sagten bereits, wie wichtig die Phantasie für die kindliche Entwicklung ist. Deshalb ist ein Gleichgewicht zwischen Einzel- und Gemeinschaftsspiel sehr wichtig.

Durch Spielzeug wird das Kind vor allem versuchen, seine Phantasie auszudrücken. Wenn das Kind mit einem Stofftier oder einem Lastwagen spielt, kann es in seiner Phantasie diesen Spielzeugen die Rolle zuweisen, die es ihm gern geben möchte. Auf diese Art wird das Spielzeug zu einem »verlängerten Arm« der kindlichen Psyche.

In der kindlichen Vorstellung ist die Persönlichkeit, die einem Spielzeug gegeben wird, oft so real wie die Eltern oder die das Kind umgebende Gruppe. Die subjektive Natur des Spielzeugs bekommt unbegrenzte Möglichkeiten, die nur von dem Interesse des Kindes abhängen. Untersuchungen belegen, daß Spielzeug einen wesentlichen Aspekt der Gesamtumgebung eines Kindes darstellt, das entscheidenden Einfluß auf seine Moral und sozialethischen Werte hat.

Auch das Fernsehen hat wesentlichen Einfluß auf die Persönlichkeit, die die Kinder ihrem Spielzeug geben. Viele große Spielzeugfirmen bieten heute simultan ein bestimmtes Spielzeug zu einer neuen Fernsehserie an. Das Ergebnis ist, daß die Kinder die Fernsehsendungen sehen und in ihrer Vorstellung die Eigenschaften, die das Spielzeug haben soll, im Einzelspiel übertragen.

Manche denken, daß dieses Verhalten ungefährlich sei. Tatsächlich aber bewirkt diese Übertragung von vorgegebenen Verhaltensmustern eine Behinderung der kindlichen Phantasieentwicklung. Wenn ein Kind nämlich eine Fernsehsendung sieht und dann mit einem Spielzeug spielt, das in Beziehung zu der Sendung steht, wird es nicht länger das eigene Verhalten in das Spielzeug projizieren. Vielmehr hat die Fernsehsendung vorprogrammiert, wie sich das Spielzeug zu verhalten hat. Es ist bereits vermittelt worden, welchen Charakter die Figur hat, welche Möglichkeiten, welche Persönlichkeit und welche Talente. Auch das spielerische Umfeld für die Spielzeugfigur ist schon vorgegeben. Durch das Fernsehen kennt das Kind also bereits alle diese zusätzlichen Informationen, bevor es beginnt, mit dem Spielzeug zu spielen.

Aus diesem Grund ist es sehr ungünstig, wenn Kinder sich mit Spielzeug beschäftigen, das in direktem Zusammenhang mit einer Fernsehsendung steht. Wenn das Spielzeug dann noch mit okkulten Symbolen belastet ist, ist der negative Einfluß um so größer. Spielt ein Kind mit einer Figur, die mit okkulten Symbolen behaftet ist, dann wird es seine Phantasie auch auf das Okkulte richten. Auch wenn das Spielzeug selbst keine okkulte Beziehung hat, kann das Kind es doch in einen okkulten Zusammenhang stellen, wenn die dazugehörige Fernsehsendung sich mit diesem Thema beschäftigte.

Eltern sollten also sehr wohl ein Auge auf das Spielzeug haben, mit dem sich ihre Kinder beschäftigen, besonders wenn dieses okkulte Symbole beinhaltet. Oft sind die Eltern allerdings zu beschäftigt, um dies zu merken, oder sehen auch nicht die Gefahr, die Spielzeug auf Kinder haben kann. Die meisten Menschen sehen Spielzeug als niedlich und ungefährlich an.

Mir sind allerdings einige Situationen bekannt, in denen Eltern plötzlich bewußt wurde, welchen Einfluß Spielzeug auf ihre Kinder hat:

Während eine Mutter mit ihrem Auto in die Stadt fuhr — ihr kleiner Sohn saß auf dem Rücksitz —, hörte sie im Autoradio einer Predigt zu. Zum Schluß betete der Pastor: »Unser Herr, du Herrscher des Universums . . .« Da sprang der kleine Junge vom Rücksitz auf und rief: »Mama, Gott ist nicht der Herrscher des Universums. Das ist doch He-Man.«

Ein weiterer Fall: Ein kleines Mädchen lief im Haus umher und sagte, Grayskull würde sie stark machen. Grayskull ist ein magisches Schloß aus der Masters of the Universe-Serie. Nachdem sie mich in der Kirche zu dem Thema hatte sprechen hören, sagte sie allerdings, jetzt würde nur noch Jesus sie stark machen.

In einem anderen Fall entging eine Mutter mit ihrem kleinen Sohn in ihrem Auto knapp einem Unfall. Die Mutter trug einen kräftigen Schrecken davon. Da legte der kleine Junge seine Hand auf die Schulter der Mutter und sagte: »Hab keine Angst, Mama! He-Man hätte uns schon beschützt.«

In einer Predigt, die mein Vater in einer Gemeinde hielt, erwähnte er kurz meinen Dienst und kam auch auf He-Man zu sprechen. Nach dem Gottesdienst lief ein kleiner Junge auf dem Parkplatz herum, hielt eine He-Man-Figur in der Hand und rief: »He-Man hat mehr Macht als Jesus, He-Man hat mehr Macht als Jesus!«

Viele Spielzeuge, die auch in Fernsehserien vorkommen, symbolisieren mystische Charaktere und verfügen über besondere geheimnisvolle Kräfte. Unglücklicherweise glauben Kinder gern daran. Sie glauben, daß diese Figuren real sind und mehr Macht besitzen als Jesus. Denn Jesus vollbrachte ja nicht ununterbrochen »mystische« Wunder. Tatsächlich aber war Jesu Leben auf Erden sehr real. Er lebte sein Leben wie andere Menschen. He-Man dagegen führt ein sehr unrealistisches Leben. Und ein Kind, das diesen Ideen ständig ausgesetzt ist, kann sich leicht erklären, warum He-Man so allmächtig ist. Der Prozeß des heimtückischen Betrugs hat bereits begonnen.

Wie kann man nun herausfinden, welches Spielzeug man vermeiden soll? Ich würde Spielwaren in drei Kategorien einteilen: *okkult, neutral* und *christlich*. Okkultes Spielzeug hat Zauberei, Gewalt, Sex und Humanismus zum Thema. Vereinfacht ausgedrückt ist Humanismus eine Religion, die besagt, daß der Mensch sein eigener Gott und der Maßstab aller Dinge ist. Bei okkultem Spielzeug kommt es besonders auf den Zusammenhang an zwischen dem Spielzeug selbst und der Fernsehsendung, die dazu angeboten wird. Neutrales Spielzeug vermittelt keine moralischen Werte, weder gute noch schlechte. Zu dieser Gruppe gehören z. B. Stofftiere, Autos, Lastwagen und Lernspielzeug, das z. B. das ABC, Zahlen usw. vermittelt. Christliches Spielzeug vermittelt christliche Prinzipien und macht das Kind mit christlichen Werten bekannt.

Probleme treten für die Eltern beim Spielzeugkauf besonders dann auf, wenn das Kind dabei ist. Durch das Fernsehen sind einige Spielzeuge sehr bekannt und somit für Kinder besonders attraktiv. Wenn hierzu noch ein gewisser Gruppenzwang kommt, hat das Kind sehr schnell das Gefühl, ein bestimmtes Spielzeug besitzen zu »müssen«. Dies kann Eltern leicht zu einer falschen Kaufentscheidung verführen.

Dazu eine typische Situation in einem Spielwarengeschäft: Mutter und Kind schlendern durch die Gänge, als das Kind plötzlich eine »Gefechtsstation« sieht: »Warum möchtest du sowas haben, Johannes?« fragt die Mutter. »Mama, guck doch mal! Es hat eine Laserpistole und Raketenabschußrampen.« Die Mutter sucht den Ausgang, aber das dicke Ende kommt erst: »Hast du das denn noch nie im Fernsehen gesehen? Mama, es ist absolut das Größte. Und außerdem: Thomas' Eltern haben ihm auch eins gekauft. Bitte, bitte, bitte Mama.!« Die magische Ausstrahlung des Fernsehens und der Gruppenzwang verkürzen den Kampf im Spielzeuggeschäft erheblich. Auch Johannes wird bald von seiner Gefechtsstation aus feuern können . . .

Ein Großteil des Spielzeugs, das heute auf dem Markt ist, hat Gewalt oder Okkultismus zum Thema. Sogar G. I. Joe, ein Spielzeug, das es in Amerika eigentlich schon seit 30 Jahren gibt, hat sich mit der Zeit verändert. Heute hat G. I. Joe eine »Ausrüstung für die 80er Jahre mit Düsenantrieb, gepanzertem Kampfwagen und doppeltem Lasergewehr«. Mit Hilfe der Filmindustrie, die Produkte wie He-Man, Rambo und Conan der Barbar auf den Markt bringen, wird Kriegsspielzeug bei Kindern immer beliebter. Obwohl sich viele Eltern besorgt über dieses Spielzeug äußern und auch die Verrohung sehen, die es ihren Kindern vermittelt, hat die Spielwarenindustrie noch nicht gelitten. Ganz im Gegenteil: Es ist eine enorme Wachstumsindustrie, und es gibt keine Anzeichen, daß sich dies ändern wird.

Aber nicht nur das Spielzeug hat sich in diesem Industriezweig geändert. Die gesamte Spielzeugindustrie ist innerhalb der letzten 20 Jahre dramatischen Veränderungen unterworfen worden. Wenn eine Spielzeugfirma vor 20 Jahren etwa 30 Millionen Mark Umsatz machte, wurde sie als verhältnismäßig groß eingestuft. Doch dann setzten in Amerika neue Marketingstrategien ein: großangelegte Fersehspots, besonders während der nachmittäglichen Kindersendungen, und das gleichzeitige Veröffentlichen von Spielzeug und Comicserien. Die Rechnung ging auf. Heute wird mehr Spielzeug als je zuvor verkauft. Vor gar nicht langer Zeit hatte die Firma Mattel einen Jahresumsatz von ca. 20 Millionen Dollar zu verzeichnen. 1985 stieg der Umsatz sprunghaft auf 1 Milliarde Dollar, wobei die Produkte aus den »He-Man and Masters of the Universe«-Serien mehr als die Hälfte des Umsatzes ausmachten. Die Spielzeugindustrie rechnet mit einem Gesamtumsatz von 16 Milliarden Dollar in allernächster Zeit. »Toys-R-Us«, die auch an der New Yorker Börse notiert werden, sind der Marktführer im Einzelhandelsbereich. Diese Firma rechnet mit einer jährlichen Wachstumsrate von über 25 Prozent in den nächsten fünf Jahren. 12 bis 14 Prozent aller Spielzeugverkäufe in den Vereinigten Staaten werden über diese Kette, die übrigens auch in Deutschland aktiv geworden ist, getätigt. Und die führende Fachzeitschrift des Gewerbes belegt, daß 60 Prozent aller Spielzeugkäufe in den letzten acht Wochen vor Weihnachten getätigt werden. Es wird auch belegt, daß der momentane Boom in der Spielzeugindustrie der größte seit dem Zweiten Weltkrieg ist. Und der ist bereits längst nach Europa übergeschwappt.

Es gibt einige Erklärungen für den enormen Anstieg der Spielzeugkäufe. Manche Experten machen den »Echo Baby Boom« dafür verantwortlich. Die 50er und 60er »Baby Boom«-Kinder sind jetzt selbst im gebärfähigen Alter und verursachen den sogenannten »Echo Baby Boom«. Je mehr Kinder also geboren werden, um so mehr Spielzeug wird gekauft. Andere behaupten, es läge an der neuen Familienstruktur, in der oft beide Elternteile arbeiten. Es stehen zwei Einkommen pro Familie zur Verfügung, daher kann mehr Geld für Spielzeug ausgegeben werden. Hierbei wird besonderer Wert auf »Beschäftigungsspielzeug« gelegt, damit die Eltern in Ruhe ihrer Arbeit nachgehen können. Was auch immer der Grund sein mag, es steht fest, daß der Spielzeugumsatz enorm steigt. Und mit jedem verkauften Spielzeug, besonders denen, die Okkultismus und Gewalt verherrlichen, sind unsere Kinder der Gefahr negativer Einflüsse ausgesetzt.

Es gibt also einen steigenden Bedarf für »gutes« Spielzeug, und Eltern sollten sich auf dem Markt nach solchen Firmen umsehen, die entsprechende Spielwaren herstellen. Allerdings sind diese guten Spielwaren nicht so weit verbreitet wie die Artikel der anderen Art.

6

Die elektronische Großmutter

Wußten Sie schon ...

... daß Vorschüler mehr Zeit vor dem Fernseher verbringen, als man braucht, um einen Realschulabschluß zu machen?

... daß ein Kind bis zum Abitur nur etwa 11 000 Stunden in der Schule, aber mehr als 15 000 Stunden vor dem Fernseher verbracht haben wird?

... nur ein Drittel aller Eltern kontrolliert, wieviel und was ihre Kinder im Fernsehen anschauen?

... Fernsehen die Macht hat, das Wachstum eines Kindes zu fördern oder zu behindern?

So erschreckend sie auch sind, diese Fakten sind wahr. Es ist vielmehr so, daß Kinder eher mehr als die genannten 15 000 Stunden vor dem Fernseher verbringen. Die oben angeführte amerikanische Studie stammt aus dem Jahre 1978 und wurde 1984 grundlegend überarbeitet. Dabei fand man heraus, daß Kinder heutzutage mindestens 22 000 Stunden vor dem Fernseher verbringen. Das ist das Doppelte an Zeit, die das Kind in der Schule verbringt. Außerdem wird von einem Ansteigen der Sehzeiten um mehr als 1000 Stunden pro Jahr ausgegangen.

Das Fernsehen ist zwar erst 30 Jahre alt, aber es hat unsere Denk-, Lebens- und Erziehungsmaßstäbe grundlegend verändert. Tatsächlich hat es unser gesamtes Leben mehr verändert als jede andere Errungenschaft der modernen Welt. Welchem anderen unbeseelten Objekt würde ein Elternteil das Wohl seines Kindes sonst noch anbefehlen? Wahrscheinlich keinem — außer dem Fernsehen. Oft dient das Fernsehen als Babysitter, während die Eltern in einem anderen Teil der Wohnung beschäftigt sind. Immer mehr Mütter haben den Wunsch, arbeiten zu gehen. Und dann kommen die Kinder aus der Schule nach Hause, finden eine leere Wohnung vor und einen Zettel, auf dem steht, daß sie doch bitte ihre Hausaufgaben machen und dann fernsehen sollten, bis die Eltern nach Hause kommen.

Neben den Eltern ist somit das Fernsehen der wichtigste Lehrer, den ein Kind hat — allein schon deshalb, weil das Kind eine enorme Zeit vor »dem Kasten« verbringt. Tatsächlich verbringt das Kind nur mit Schlafen mehr Zeit als mit Fernsehen. Wir sollten auch nicht vergessen, daß alles, was das Kind von dieser »elektronischen Großmutter« lernt, sein Wachstum hindern oder fördern kann.

Die meisten Psychologen stimmen darin überein, das 80 Prozent des kindlichen Charakters entwickelt ist, bevor das Kind fünf Jahre alt wird. Es ist auch bewiesen, daß Menschen in ihren ersten fünf Lebensjahren 80 Prozent von dem lernen, was sie in ihrem ganzen Leben aufnehmen. Dies sind sehr »eindrucksvolle« Jahre. Man kann sie auch als die Jahre des Verhaltenstrainings und des Charakteraufbaus bezeichnen. In dieser Zeit werden grundlegende Verhaltensweisen und Charakterzüge durch spezielle Erfahrungen geprägt. Es gibt Untersuchungen darüber, daß — ganz gleich zu welcher Tages- oder Nachtzeit — 22 Prozent des Fernsehpublikums aus Vorschülern besteht. Diese Gruppe sieht zwischen 22 und 26 Stunden pro Woche fern. Und wenn somit bewiesen ist, daß das Kind mehr Zeit mit fernsehen als mit irgendeiner anderen Aktivität verbringt, dann ist es auch leicht zu erklären, daß die Informationen, die es den Sendungen entnimmt, einen enormen Einfluß auf seine Wertvorstellung und seine Weltsicht haben werden. Dabei ist es in diesen »Jahren des Formens« so wichtig, daß ein Kind mehr Zeit mit seinen Eltern, beschäftigt mit sozialem und phantasievollem Spiel, verbringt, als mit fernsehen.

Ich möchte noch eine andere interessante Studie anführen. Bei einer Gruppe von Vorschülern wurden in den elterlichen Wohnungen Mikrophone versteckt und alles aufgezeichnet, was tagsüber geschah. Nachdem die Tonbänder ausgewertet waren, konnte festgestellt werden, daß der durchschnittliche Vater nur 37 Sekunden täglich in direkter Kommunikation mit seinem Kind im Vorschulalter verbringt. Das ist natürlich erheblich weniger Zeit als die, die das Kind vor dem Fernseher zubringt. Daher ist es auch kein Wunder, daß Entwicklungspsychologen das Fernsehen als »elektronische Eltern« bezeichnen. In vielen Familien hat das Fernsehen heute die Rolle übernommen, die einst von Eltern eingenommen wurde. Man hört oft den Einwand, daß Fernsehen die einzige Beschäftigung sei, in der das Kind sich ruhig verhalten würde, ohne sich zu beklagen. Wissenschaftlich gesehen ist dies nicht ungewöhnlich. Es kommt nicht auf die Art der Sendungen an, die man sich anschaut; das Gehirn reagiert auf alle Fernsehsendungen gleich. Wenn Kinder oder Erwachsene fernsehen, registrieren Gehirnelektroden einen leicht beruhigenden, dämpfenden Ausschlag. Als Resultat davon reagiert auch der Körper auf Fernsehsendungen ähnlich wie auf eine leicht ruhigstellende Droge. Kinder »kleben« oft förmlich am Fernseher, sie halten es oft drei oder vier Stunden aus, ohne auf die Toilette gehen zu müssen. Der heimtückischste Effekt dieser Droge ist also der, daß sie dem Kind praktisch von den Eltern verabreicht wird, aber nicht zum Wohl des Kindes, sondern um den Eltern ein paar ruhige Stunden zu ermöglichen. Ein bekannter Wissenschaftler vergleicht das »Setz-dich-doch-mal-vor-den-Fernseher-Kind« der Eltern mit einem Verabreichen einer ruhigstellenden Droge. Das Problem ist nur, daß das »ruhiggestellte« Kind nicht gegen eine Wand sieht, sondern Fernsehsendungen folgt — eine Handlung, die sein Leben und die Einstellung zur Welt um es herum wesentlich beeinflussen.

Während Kinder auf diese Weise fernsehen, beginnen sie, Informationen passiv zu verarbeiten, anstatt sie aktiv — durch ein Gespräch — aufzuschließen. Während das Kind auf eindringende Stimulans passiv reagiert, entwickelt sich der rechte Bereich seines Gehirns, aber die Entwicklung des linken Gehirnbereichs wird behindert. Der rechte Bereich kontrolliert die visuell-räumliche Entwicklung eines Kindes; der linke dagegen die verbal-analytische Entwicklung. So ist es zu erklären, daß ausgedehntes Fernsehen die Entwicklung der analytischen Fähigkeiten eines Kindes behindern kann, die Fähigkeit also, von sich selbst aus etwas zu lernen. Auch hier ist das Resultat eine Öffnung für die Einflüsse des »heimtückischen Betrugs«.

Wir dürfen nicht vergessen, daß die Auswirkungen dieses »heimtückischen Betrugs« nicht sofort umfassend bemerkt werden. Vielmehr ist dies ein Prozeß, der sich über mehrere Jahre hinzieht.

Die Auswirkungen können mit den Meeresgezeiten verglichen werden. Wenn die Flut kommt, bringt sie jedesmal Seetang und Treibgut mit und spült es an den Strand. Wenn dies über lange Zeit geschieht und der Strand nicht gereinigt wird, wird er sehr bald mit Strandgut verunreinigt sein. Auch der kindliche Geist funktioniert so. Wir hatten bereits gesagt, daß das Kind wie ein Schwamm alles aufsaugt, was es umgibt. Diese Eindrücke werden durch den kindlichen Geist zu Bausteinen verarbeitet, aus denen es sein Weltbild baut. Der Kernsatz: »Es ist nicht die Quantität, sondern die Qualität, die zählt«, findet auch seine Anwendung, wenn wir über die Zeit sprechen, die ein Kind vor dem Fernseher verbringt. Natürlich sind »gute« Sendungen besser für das Kind als »schlechte«; aber je mehr ein Kind überhaupt fernsieht, um so negativer ist dies für seine Entwicklung. Ausgedehntes Fernsehen — unabhängig davon, was gesehen wird, — gefährdet ein Kind. Experten raten, daß Vorschüler nicht mehr als eine Stunde am Tag fernsehen sollten. Für ältere Kinder liegt die Grenze bei zwei Stunden täglich.

Für ihre geistige und körperliche Entwicklung brauchen Kinder eine gesunde Phantasie, um den Sinn in der sie umgebenden Welt zu begreifen. Das Fernsehen ist nun leider nicht dazu angetan, das Kind selbst entdecken zu lassen. Es füttert das kindliche Gehirn vielmehr mit Vorstellungen und Werten, und zwar so, daß das Kind es nicht kontrollieren kann. Das Kind wird also mit Informationen bombardiert, ohne die Möglichkeit zu haben, seine eigenen Ideen zu entwickeln. Es lernt, das Gesehene als Wahrheit zu akzeptieren, ohne aktiv herausfinden zu wollen, was wirklich wahr ist.

Ganz gleich, ob die Sendung nun »lehrreich« ist oder nicht, das Kind lernt in jedem Fall. Entwicklungspsychologen haben sogar herausgefunden, daß Programme, die dem Kind die Grundregeln des Lesens und Rechnens beibringen sollen, gefährlicher sind als die sogenannten »konventionellen« Programme. Diese Lehrprogramme behindern nämlich die Entwicklung der kindlichen Vorstellungskraft, die überaus wichtig für ein gesundes Wachstum ist.

Doch auch das Schulfernsehen, die Sendungen also, die die Eltern am positivsten beurteilen, haben viele Schwächen, die man nicht außer acht lassen sollte. Natürlich wird dabei versucht, den Kindern grundlegende Fertigkeiten, die es beherrschen sollte, beizubringen. Experten haben jedoch herausgefunden, daß diese Sendungen oftmals das Material nicht so aufarbeiten, daß es dem kindlichen Lernniveau entspricht. Es wäre völlig unsinnig, Vorschüler mit einer Lehrmethode zu konfrontieren, die für Erwachsene adäquat ist. Außerdem würde das Lehrmaterial teilweise mit viel zu großer Geschwindigkeit durchgenommen. Das Kind müsse Zeit und Gelegenheit haben, in seinen Gefühlen und mit eigenen Gedanken auf das Gesehene zu reagieren. Ein Vorschüler beginnt aber erst, seine Gefühle und sein Verhalten zu verstehen und zu kontrollieren. Er braucht Zeit und den Freiraum, seine eigenen Denkmodelle und Verhaltensformen auszuprobieren. Diese Lehrsendungen jedoch präsentieren das Lehrmaterial mit vorgegebenen, farbigen Eindrücken, die aufblenden und wieder verschwinden, und mit meist lauter Musik unterlegt sind. Das Resultat davon ist, daß dieses Bombardement auf die kindliche Gefühlswelt es ihm nicht möglich macht, mit eigenen Gedanken und Gefühlen zu reagieren.

Ich werde oft gefragt, ob Vorlesen auch einen negativen Einfluß auf die kindliche Kreativität und Lernfähigkeit habe, wie das bei Fernsehsendungen der Fall sei. Der Einfluß ist jedoch nicht vergleichbar. Viele Entwicklungspsychologen ermutigen Eltern, ihren Kindern vorzulesen. Die beiden Experten Piers und Landau beschreiben dies in ihrem Buch »Die Gabe des Spielens« so: »Wenn einem Kind eine Geschichte vorgelesen oder erzählt wird, muß es sich seine eigene Vorstellung über die Menschen, die Ereignisse und das Szenarium der Geschichte machen. Durch seine Phantasie macht es die Geschichte lebendig. Außerdem hat es ja die vollständige Kontrolle über die Geschwindigkeit und den Rhythmus, in dem das Material präsentiert wird. Oft wird der Vorlesende nämlich gebeten, einen Absatz noch einmal zu lesen oder über das, was gehört wurde, zu sprechen. Diese Möglichkeiten entfallen beim Fernsehen. Die Geschichte rast weiter, und die vorgefertigten Eindrücke blenden auf und ab.

Natürlich kann fernsehen auch ein »Fenster zur Welt« sein, das das kindliche Wissen und Interesse erweitert; es kann das Kind aber auch mit negativen Situationen bekannt machen, die es im wirklichen Leben vielleicht nie erleben wird. Der Effekt, den das Fernsehen auf das Kind haben wird, hängt im wesentlichen von den Eltern ab, die die Fernsehgewohnheiten zu Hause kontrollieren und begleiten sollten. Zu oft werden Kinder vor dem Fernseher allein gelassen, und hier entstehen dann die Probleme. Oftmals kollidiert das durchs Fernsehen vermittelte Bild mit dem, was Kinder in ihrem eigenen Leben sehen. Wenn sie diese »Konfliktbotschaften« empfangen, setzt die Verwirrung ein. Ist in diesem Moment kein Erwachsener zur Stelle, der dem Kind das Gesehene erklärt, wird das Fernsehbild oft als Realität übernommen.

Vor seinem siebten Lebensjahr wird ein Kind das Fernsehen ohnehin nicht von der Realität unterscheiden können, da das Unterscheidungsvermögen zwischen Phantasie und Realität fehlt. Alles, was es sieht, wird »wörtlich« genommen. Haben Sie jemals versucht, einem Dreijährigen zu sagen: »Laß uns das morgen machen.« Wahrscheinlich wird er bereits nach einer Stunde zu Ihnen zurückgekommen sein und gefragt haben, ob es jetzt morgen sei. Dasselbe geschieht auch beim Fernsehen. Ganz gleich, wie oft wir einem Kind erklären, daß die vermittelten Bilder Phantasie sind und keine Realität, übersteigt es den Entwicklungsstand des Kindes, eine derartige Information zu verarbeiten. Wahrscheinlich wird das Kind die Information nur »nachplappern«, um Strafe zu vermeiden. Kinder unterziehen sich qualitativen Veränderungen, wenn sie beginnen, Information zu organisieren und zu nutzen. Die Entwicklung geht von einer wörtlichen Akzeptanz dessen, was sie als Realität empfinden, bis hin zu einer mehr abstrakten Ebene der Schlußfolgerung und möglicherweise Beurteilung. Bis ein Kind also den Unterschied zwischen dem Fernsehbild und der Realität selbst vollziehen kann, ist es wichtig, seine Fernsehgewohnheiten zu beobachten und die Sendungen mit dem Kind zu besprechen.

Hier möchte ich ein Erlebnis aus meiner eigenen Kindheit anführen. Als kleines Kind sah ich eine Folge der Lassie-Serie. Am Ende dieser Folge rannte Lassie in eine brennende Scheune. Dann tauchte das Schlußbild mit »Die Reihe wird fortgesetzt« auf. In meiner Vorstellung war Lassie verschwunden; sie war tot. Ich war außer mir. Ich kann mich daran erinnern, daß ich fürchterlich weinte, weil ich der Meinung war, Lassie wäre verbrannt. Während ich weinte, versuchte mein Vater mir zu erklären, daß es sich doch nur um eine Fernsehsendung handele und nicht um die Wirklichkeit. Er meinte, daß es Lassie sicher gut gehen werde. Aber ich glaubte ihm nicht. In meiner Verzweiflung brachte ich meinen Vater dazu, ein Telefonat mit dem Produzenten vorzutäuschen, das sicherstellte, daß es Lassie gutging. Erst nachdem mein Vater den Hörer wieder aufgelegt hatte, war ich überzeugt, daß Lassie doch noch lebte. Jahre später fand ich heraus, daß mein Vater diesen Anruf nur vorgetäuscht hatte. Als Kind aber glaubte ich dem, was ich auf dem Fernsehschirm sah. In meiner Vorstellung war die Fernsehsendung Wirklichkeit.

Das Fernsehen präsentiert kein »wirkliches« Bild von der Welt. Vieles von dem, was im Fernsehen gezeigt wird, steht sogar in direktem Gegensatz zu den Werten, die wir unseren Kindern mitzugeben versuchen. Ein Beispiel: Nur etwa 5 Prozent aller erotischen Szenen, die in Fernsehsendungen vorkommen, beziehen sich auf verheiratete Paare. Das bedeutet, daß 95 Prozent dieser Szenen sich mit Ehebruch, Homosexualität usw. beschäftigen. Ist dies das Bild, das wir unseren Kindern als Realität vermitteln möchten? Genau dies aber wird unseren Kindern »einprogrammiert«.

Trotzdem ist die irreale Natur des Fernsehens für viele Eltern kein Grund zur Besorgnis. Sie argumentieren, daß auch sie als Kinder viel ferngesehen hätten und daß ihnen dies nicht geschadet hätte. Aber wer kann so etwas mit Sicherheit von sich sagen? Machen wir uns nicht etwas vor, wenn wir das behaupten? Wir müssen bedenken, daß sich die Fernsehinhalte in den letzten 20 Jahren drastisch verändert haben. Die heutigen Fernsehsendungen überfluten unsere Kinder mit Gewalt und Okkultismus. Sie verführen unsere Kinder dazu, Gewalt als Teil des Lebens hinzunehmen und sie nicht als Bedrohung zu empfinden. Es sind nicht wenige Eltern, die ihren Kindern erlauben, gewalttätige und okkulte Fernsehsendungen zu sehen, damit sie »das wirkliche Leben« kennenlernen, und die ihren Kindern nicht »vorenthalten« wollen, was die Nachbarskinder dürfen. Andere Eltern dagegen meinen, sie würden die Seelen ihrer Kinder schädigen, wenn sie diese so ungeschützt dem Bösen aussetzen.

Es gibt genug schlechte Einflüsse in der Welt, denen die Kinder ausgesetzt sind, so daß sie auf alles, was ihnen die Eltern leichtfertig zur Pervertierung ihrer Vorstellungskraft anbieten, sehr wohl verzichten können. Eine Kommission der »amerikanischen Akademie für Kinderheilkunde« unternahm eine 16monatige Studie über das Fernsehverhalten von Kindern. Hier nun einige wichtige Erkenntnisse daraus:

Wenn Kinder wiederholt Fernsehszenen ausgesetzt werden, die Gewalt zeigen, werden sie nicht nur selbst gewalttätig, sondern akzeptieren auch Gewalt im Leben widerspruchsloser. Man hat festgestellt, daß ein Kind bis zu seinem zehnten Schuljahr etwa 18 000 Tötungen am Fernsehschirm miterlebt. Fettleibigkeit wird durch Fernsehkonsum begünstigt. Durch Werbesendungen werden Kinder zum übermäßigen Konsum von Naschereien verleitet. Fernsehzeit ist gleichzeitig Essenszeit für Kinder geworden. Die Fernsehwerbung unterstützt den Gebrauch von Drogen, Alkohol und Tabak, indem es ihn glorifiziert. Die Helden, die die Kinder dann nachahmen, werden oft rauchend oder Bier trinkend gezeigt.

Die wirklichkeitsfernen sexuellen Beziehungen, die das Fernsehen zeigt, hat das Risiko der Kinderschwangerschaften erhöht. Partnerbeziehungen entstehen und wachsen in Fernsehfilmen sehr schnell, ohne daß das Risiko einer Schwangerschaft in Betracht gezogen wird. Besonders christliche Eltern sollten sich der Auswirkungen des Fernsehens auf ihre Kinder bewußt sein. Christen werden im Fernsehen — wenn überhaupt — als nicht besonders intelligent dargestellt. Damit repräsentiert es einen Großteil der Weltbevölkerung falsch. Das Fernsehen schenkt dem Christentum und seinen Auswirkungen wenig Glauben, während es auf der anderen Seite den okkulten Mächten sehr wohl Raum gibt. Viele Fernsehsendungen, besonders Zeichentrickserien, sind mit Okkultismus »gesättigt«. Kinder lernen, daß das Okkulte »allmächtig und real« ist. Und weil viele der Comicfiguren okkulte Kräfte nutzen, um sich aus schwierigen Situationen zu befreien, sehen Kinder dies als eine wirkliche Hilfsmöglichkeit an. Nach und nach gewinnen diese negativen Einflüsse in der kindlichen Vorstellungswelt an Raum. Stück für Stück dringen sie in die kindlichen Gedanken ein, und bald erwartet das Kind, daß das wirkliche Leben so ist wie im Fernsehen. Ein Lehrer erzählte mir, daß die Kinder in seiner Klasse dazu übergegangen seien, »Probleme — ganz gleich wie komplex sie auch waren — durch eine Stunde fernsehen zu verarbeiten. Und sollte das Problem dadurch nicht gelöst werden, würde es nach einer Stunde ohnehin nicht mehr interessant sein«.

Aus der vorher angeführten Studie seien hier einige Leitlinien für Eltern angeführt, die den Fernsehkonsum ihrer Kinder »in den Griff« bekommen wollen und den negativen Einfluß dieses Mediums so gering wie möglich halten möchten:

1. *Begrenzen Sie die Fernsehzeit Ihres Kindes. Planen und beobachten Sie, was es sich ansieht. Auch Sie selbst als Elternteil sollten Ihre Fernsehgewohnheiten überprüfen und ein gutes Beispiel für Ihr Kind sein.*
2. *Fernsehen darf niemals eine Belohnung oder eine Bestrafung sein. Das würde seine Bedeutung in den Augen des Kindes nur steigern.*

3. *Wenn in einem Programm gewalttätige Szenen vorkamen, sprechen Sie mit Ihrem Kind darüber. Erklären Sie den Unterschied zwischen dem realen Leben und dem Bild, das das Fernsehen vermittelt.*

Wenn Eltern eine aktivere Rolle bezüglich der Fernsehgewohnheiten ihres Kindes einnähmen, könnte es gelingen, daß das Kind den Unterschied zwischen Wirklichkeit und Fernsehen begreift. Mit der Zeit können dann auch die negativen Einflüsse dieses »heimtückischen Betrugs« zurücktreten. Ist dies jedoch nicht der Fall, werden die christlichen Werte immer mehr zurückgedrängt, und der Betrug wächst.

7

Werbung oder Kinderfilm?

Seit vielen Jahren produzieren Spielzeughersteller Artikel, die im Zusammenhang mit bekannten Fernsehsendungen stehen. Heutzutage ist dieser Prozeß allerdings anders. Comicautoren und Spielzeugdesigner arbeiten Hand in Hand, um gleichzeitig Spielsachen und Zeichentrickserien auf dem Markt vorzustellen. Es ist bereits so, daß fast jede Zeichentrickserie von einer Figur handelt, die auch als Spielzeug zu haben ist. Dadurch wirbt der eine Artikel für den anderen. Das bringt aber auch Verwirrung: Ist die Zeichentrickserie nun Werbung? Oder ist die Werbung eine Zeichentrickserie?

Der Einsatz von produktorientierten Programmen zeigt deutlich, wie wenig Sorgfalt und Kreativität heute in das Kinderprogramm investiert wird. Ein gutes Beispiel für diesen Mißbrauch ist »He-Man and Masters of the Universe«. Sowohl die Figuren als auch der Serientitel sind eingetragene Handelsmarken — und somit ist die Zeichentrickserie (in Deutschland bisher nur auf Video) nichts anderes als Produktwerbung.

Um die Wirkung zu verstehen, die diese kombinierten Sendungen auf Kinder haben, müssen wir zunächst verstehen, wie ein Kind Fernsehen und Werbung verarbeitet. Ich sagte im vorigen Kapitel bereits, daß Kinder das Fernsehbild anders aufnehmen, als es Erwachsene tun. Erst wenn sie älter werden, lernen Kinder, die gegebene Information differenziert zu betrachten und können beurteilen, was sie gesehen haben.

Weil ein Kind unter sieben Jahren nicht fähig ist, zwischen Phantasie und Realität zu unterscheiden, kann es auch den Unterschied zwischen Werbung und einer normalen Fernsehsendung nicht feststellen. Seit Werbefachleute das Medium Zeichentrickfilm benutzen, um Produkte zu verkaufen, ist dieser Sachverhalt noch schwieriger geworden.

Es gibt aber noch ein anderes Problem: Kinder betrachten Werbung als »öffentliche Bekanntmachungen«. Sie meinen, sie müßten die beworbenen Produkte besitzen. Manchmal löst der gesprochene Werbetext sogar eine Art Gruppenzwang aus: ». . .sag deiner Mama, daß sie dir . . . kaufen muß, damit du das erste Kind in der Straße bist, das . . . hat.« Denken Sie mal über folgende Szene nach:

Eine Mutter fährt mit ihrem Einkaufswagen im Supermarkt den Gang hinunter, in dem die Frühstücksartikel stehen. Sie nimmt eine bestimmte beworbene Packung Cornflakes aus dem Regal, von der sie genau weiß, das sie 50—75 Prozent Zucker enthält. Sie weiß auch, daß dies für ihre Kinder ungesund ist. Warum aber kauft sie sie dennoch? Der Grund ist, daß ihre Kinder oft vor dem Fernseher hocken und neben ihrem Lieblingsfilm auch die Werbung für dieses Cornflakesprodukt sehen. In dem Werbetext wird nicht nur gesagt, daß dies natürlich die am besten schmeckenden Cornflakes sind, sondern den Kindern wird auch eine Überraschung angeboten, wenn sie eine Packung dieser Cornflakessorte erwerben. Damit ist es den Werbeleuten gelungen, in dieser Familie zwei kleine Anwälte für ihr Produkt zu gewinnen. Und jedesmal, wenn die beiden Kleinen mit ihrer lieblichsten Stimme sagen: ». . . genau diese Cornflakes möchte ich«, dann gibt die Mutter natürlich nach.

Noch gefährlicher ist es, wenn Vitamine in Süßigkeiten »verpackt« und in Form einer Spielzeugfigur angeboten werden. Zur Zeit sind in den USA »Bugs Bunny«, »Familie Feuerstein« und die »Kuschel-Kinder« als kaubare Vitamine auf dem Markt. Inzwischen konnte eine Gesundheitsorganisation jedoch erreichen, daß die Werbung für diese Produkte in der Hauptfernsehzeit für Kinder (Samstag morgen) unterbleibt. Der Hauptgrund dafür war die Tatsache, daß diese (Vitamin-) Werbung die Kinder dazu verführen könne, ungewöhnlich große Mengen dieser Vitamine zu sich zu nehmen, die dann wiederum gesundheitsschädlich wären. Wenn Eltern sich auch nicht im klaren darüber sind, wie Kinder auf das

Fernsehen und auf Werbung reagieren — die Werbeleute sind sich dessen genau bewußt. Sie wissen, daß Kinder das, was sie am Fernsehschirm sehen, als Realität akzeptieren. Daraus wiederum resultieren folgende Probleme:

1. *Das Produkt wird in einer Scheinwelt dargestellt und erhält Fähigkeiten, die es gar nicht hat.*
2. *Das Produkt wird in der ohnehin knapp bemessenen Werbezeit nur kurz gezeigt, und zwar in einem Umfeld, das das Kind später nicht wiedererkennen wird.*
3. *Das Kind hat eine unklare Vorstellung, was und wofür das Produkt nun wirklich ist.*

In einem Artikel der »Detroit News« gestanden die Sprecher der großen Spielzeugfirmen, daß die Zeichentrickserien über ihre bekannten Spielzeugfiguren lediglich dazu dienen, »ein Bewußtsein für das Produkt« zu schaffen. Sie gaben auch zu, daß diese Sendungen eine wichtige Marketing-Hilfe für das Produkt sind. Einige räumten jedoch ein, daß es nicht das alleinige Ziel der Sendungen sei, Spielzeug zu verkaufen. Sie gaben zu, daß die Zeichentrickserien ein gewisses Eigenleben entwickelt hätten.

In der Vergangenheit setzten die drei großen Fernsehstationen in den USA (ABC-TV, CBS-TV und NBC-TV) keine Programme ein, die ihnen von den Spielzeugfirmen angeboten worden waren. In den letzten zwei oder drei Jahren jedoch hat sich dies geändert, und eine Verquickung zwischen Spielzeugindustrie und Fernsehen ist deutlich erkennbar. Professor Bruce Watkins von der University of Michigan hat herausgefunden, daß Kinder unter sieben Jahren sehr stark von diesen Programmen beeinflußt werden und die harte Verkaufsstrategie, die ihnen zugrundeliegt, nicht erkennen können. Er sagt: »Ein Hauptelement dieser Sendungen ist, und dies ist wirklich sehr bedauerlich, daß sie vor allem Spielzeug verkaufen und nicht die Kinder unterhalten sollen.«

Wie groß der Einfluß auch sein mag, Tatsache ist, daß die Spielzeugfirmen mit diesen Kinderprogrammen Geld verdienen. Im Jahr 1984 erreichte die Firma Mattel mit ihren Produkten »He-Man and Masters of the Universe« (einschließlich der Spielzeuge und Nebenprodukte) einen Umsatz von 1 Milliarde Dollar. Der Zeichentrickfilm, der nach diesen Spielzeugfiguren gedreht wurde, nahm unter den meistgesehensten Kindersendungen den ersten

Platz ein. Nachdem ein Jahr später die Firma Matchbox mit einem ähnlichen Film auf den Markt kam, landete dieser unverzüglich auf Platz zwei der Fernseh-Hitliste.

Die Spielzeugfirmen verlassen sich nicht nur auf die Kinderfilme, wenn es ums Geldverdienen geht. Sie geben auch ungeheuere Summen für die Produktwerbung aus. 40 Millionen Dollar betrug allein im letzten Vierteljahr 1985 das Werbebudget der Firma Mattel. Obwohl die Werbeausgaben der großen Spielzeugfirmen in jedem Jahr kontinuierlich stiegen, gab es 1984 einen bemerkenswerten Sprung. Statistiken belegen, daß im Jahre 1983 der Gesamtetat der Spielzeugfirmen bei 213 802 800 US-Dollar lag und im Jahr 1984 auf 305 980 400 Dollar anstieg. Wenn man bedenkt, wieviel Fernsehwerbung für dieses Geld produziert werden kann, und wenn man dann noch die Kinderfilme selbst dazuzählt, dann ist es kein Wunder, daß dieses Medium geradezu »überflutet« wird. Die Tendenz ist weiter steigend. Für Produkte wie »Regina Regenbogen« und »Herren der Erde« wurden die Lizenzrechte für Spielfilme verkauft, ebenso wie für den »Glücks-Bärchi«-Film, der eigentlich nur für das entsprechende Spielzeugprodukt werben sollte. Weil sie den Effekt kannten, den ein solcher Film auf ihre Verkaufszahlen haben würde, orderten die Spielwareneinzelhändler eine halbe Million »Glücks-Bärchis« zur Filmpremiere. Eine ähnliche Entwicklung war bei »Rubics Zauberwürfel« zu beobachten. Auch hier steigerte ein Film mit demselben Titel die Umsätze erheblich.

Nicht nur Spielzeug wird mit Werbe-Zeichentrick-Filmen verbunden, sondern auch Videospiele. Davon sind bei uns besonders »Donkey Kong« und »Pac Man« bekannt. Um das Interesse an den Figuren wachzuhalten, werden ständig neue Episoden erdacht und neues Spielzeug erfunden, das in diesen Serien vorkommt. Die Firma Hasbro z. B. stellte neulich 65 neue Folgen ihrer erfolgreichsten Serie »Transformers« vor; 15 Millionen Dollar betrug das Werbebudget für diese Serie, und 35 Firmen beteiligen sich an der Herstellung von Produkten, die sich auf die Serie beziehen. Auch die Firma Mattel brachte vor kurzem 33 neue Folgen ihres Erfolges »He-Man and Masters of the Universe« auf den Markt. Der Werbegag war hierfür ein abendfüllender Spielfilm, der in den größten amerikanischen Städten gleichzeitig Premiere hatte.

Die Idee zu dieser Verquickung von Zeichentrickfilm und Spielzeug wurde im Herbst 1983 in den USA geboren, als die Produktlinie »He-Man and Masters of the Universe« vorgestellt wurde. Damit wurde eine Lawine ausgelöst: Nicht nur die Spielwarenindustrie profitierte enorm, sondern auch die Privatsender, die den Comicfilm ins Programm nahmen, bekamen neue Werbekunden. So wurde plötzlich aus »Kinderkram« eine Sache, an der richtig Geld verdient wurde. Fernsehstationen begannen, nur noch Kinderserien zu senden, neue Produkte wurden entwickelt, neue Serien über diese Produkte usw. Weil diese Programme nun aber speziell für Kinder gemacht wurden, bedeutet dies noch lange nicht, daß sie deshalb »gut« sind. Es bedeutet auch nicht, daß sie ungefährlich und »niedlich« sind.

Man kann die modernen Trickfilme tatsächlich nicht als »niedlich« bezeichnen; einige sind sogar ungewöhnlich gewalttätig. In jeder halbstündigen »He-Man«-Folge können 37 gewalttätige Szenen registriert werden, andere Serien bringen es bis auf 80 Gewaltaktionen in einer halben Stunde. Wen wundert es, wenn Kinder nach diesen Filmen Alpträume bekommen. Andere werden in ihrem Spielverhalten besonders aggressiv und herrschsüchtig. Ein Vater erzählte mir, daß sein Kind seit Wochen schlecht geschlafen habe und anderen Kindern gegenüber gewalttätig sei, nachdem es viele Zeichentrickserien gesehen habe. Deshalb sah der Vater keinen anderen Ausweg, als seinem Kind diese Sendungen zu verbieten. Das Kind protestierte zwar energisch, aber das feindselige Verhalten andern Kindern gegenüber reduzierte sich bereits nach wenigen Tagen; die Kleinen begannen wieder, miteinander zu spielen, anstatt auf den Beginn der nächsten Kindersendung zu warten.

Aber nicht nur die Gewalt ist ein negativer Faktor in diesen Serien, sondern auch die sexuellen Praktiken und der okkulte Symbolismus. In den meisten Trickserien sind die sexuellen Aspekte nicht versteckt: Die Frauen sind alle wohlgeformt und nur spärlich bekleidet. Vielleicht erscheint manchem dies nebensächlich, aber dadurch wird viel Raum für sexuelle Phantasien gegeben. In der Realität sind die meisten Frauen nicht so gut geformt, wie es hier vorgegeben wird, und in der Vorstellungswelt des kleinen Jungen wird ein Bild geweckt, das er später auf Frauen allgemein projiziert; Schönheit wird als Selbstverständlichkeit vorausgesetzt.

Der okkulte Symbolismus in den Zeichentrickserien ist sehr viel offensichtlicher. Viele Hauptdarsteller haben okkulte Namen; Zauberei, Magie und andere okkulte Praktiken finden Anwendung, und einige der Dinge, die die Hauptdarsteller verwenden (z. B.

Brustplatte oder Schwert), tragen okkulte Symbole. Aber das ist noch nicht alles; die Botschaften, die in den Filmen vermittelt werden, haben ihren Ursprung im Humanismus und östlichen Religionen, z. B. Hinduismus und Buddhismus. Wenn man die Textpassagen zusammenträgt, kann man Tausende von Beispielen hierfür finden.

Ich möchte jetzt einige der Serien vorstellen und Belege für den okkulten Inhalt geben, den man hier finden kann. (Ein Teil dieser Serien, die in Amerika im Fernsehen laufen, ist in Deutschland noch nicht zu sehen. Ihre Existenz ist zur Zeit noch auf den Videomarkt und die Privatsender beschränkt.) Eltern sollten sich immer vor Augen halten, daß diese Serien in Verbindung mit Spielzeug stehen. Wenn die Zeichentrickserien okkulte Gedanken präsentieren, kann man davon ausgehen, daß auch das Spielzeug sich des okkulten Symbolismus bedient. Einige der Spielwaren-Verpackungen enthalten kleine Comicbücher, die voll Okkultismus stecken, und Kinder werden mit diesem Gedankengut geradezu bombardiert. Zunächst sehen sie ihre Helden im Fernsehen, dann lesen sie die Comics und später spielen sie mit dem Spielzeug, indem sie die gesehenen Szenen nachahmen. Und schließlich bringen sie diese Gedanken auch in ihre übrige Spielzeit ein, wenn sie mit ihren Freunden zusammen sind. Ist es soweit gekommen, schlüpft das Kind in die Rolle des Zeichentrickfigur-Charakters, die Figur selbst ist dann überflüssig geworden. Die Gedankenwelt, die hinter dem Spielzeug steht, ist bereits mit dem kindlichen Geist verschmolzen.

Black Star

Als Beispiel für den unverfrorenen Einsatz des Okkulten in Spielzeug und Zeichentrickserie wollen wir die »Black Star«-Figuren anführen. Jede Figur dieser Serie wird mit einem eigenen, »in der Nacht leuchtenden außerirdischen Dämon« geliefert. Daß diese wie Dämonen aussehenden Kreaturen tatsächlich Dämonen sind, ist keine Schlußfolgerung von mir, sondern genau dies wird auf der Spielzeugverpackung behauptet. Zu den Figuren dieser Serie gehören Overlord, der unbesiegbare Zauberer, und Karday, der König der Zauberer. Wie alle anderen »Black Star«-Figuren haben auch Overlord und Karday ihre eigenen außerirdischen Dämonen. Die

Hersteller gehen davon aus, daß ein Kind im Durchschnitt Spielzeug aus einer Serie im Wert von ca. 130 DM besitzt. Damit hat es etwa sechs bis zwölf außerirdische Dämonen in seinem Zimmer. Ist dies das Spielzeug, mit dem sich unsere Kinder beschäftigen sollen? Welche Träume wird ein Kind wohl haben, wenn es mit diesen Dämonen spielt?

Advanced Dungeons and Dragons

Diese Zeichentrickserie basiert auf dem okkulten Spiel »Dungeons and Dragons«. Dieses Fantasy-Rollenspiel handelt von Figuren, die Magie und Zauberei nutzen, um Schätze zu finden. Diese Serie propagiert — wie auch das Spiel — weiße und schwarze Magie. Durchschnittlich werden über 60 Gewalttätigkeiten in jeder halbstündigen Folge gezeigt. Ein anderes Kapitel in diesem Buch beschäftigt sich ausführlich mit dem »Dungeons and Dragons«-Spiel.

He-Man and Masters of the Universe

Ungeachtet der immensen Popularität, die diese Zeichentrickserie bei Kindern genießt, haben viele Eltern und Erwachsene große Besorgnis darüber geäußert. Die gesamte Serie basiert auf okkulten Praktiken: Magie, Zauberei, Hexerei, Nekromantie usw. Die Serie macht auch Gott lächerlich, indem sie ihn mit sterblichen Menschen auf eine Stufe stellt. He-Man ist der mächtigste Mann im Universum — darum wird er auch »Master of the Universe« (Meister des Universums) genannt. Welche gefährlichen Vorstellungen werden hier gegen Gott aufgebaut, der doch allein der Meister des Universums ist? In einem anderen Kapitel dieses Buches behandele ich die okkulten Vorstellungen in dieser Serie eingehender.

Die Schlümpfe

Die Schlümpfe sind ursprünglich als Comic in Belgien entwickelt worden. Sie haben aber inzwischen weltweit auch als Zeichentrickserie einen außerordentlichen Erfolg. Die Serie wird sowohl von Kindern als auch von Eltern geradezu enthusiastisch aufgenommen. Man ist sehr schnell geneigt, diese als wirklich »drollige« Serie zu bezeichnen. Doch lassen Sie sich nicht täuschen. Unter der drolligen Oberfläche befindet sich ein okkultes Wirrwarr, auf das wir später auch noch eingehen werden.

Glücks-Bärchi

Die okkulten Praktiken, die in den Glücks-Bärchi-Filmen gezeigt werden, sind sehr heimtückisch verpackt. Oberflächlich betrachtet sieht es so aus, als ob die kleinen Bären die Kinder nur lehren, wie man anderen seine Gefühle — und hier besonders Liebe — zeigen kann. Das klingt zunächst sehr gut, ist allerdings ein vom Wesen her humanistisches Prinzip, das im Gegensatz zu Gottes Wort steht. Auch Magie und Konzepte aus östlichen Religionen kommen in dieser Serie vor.

Es gibt noch einen anderen Aspekt, der bei der Auswahl von Zeichentrickfilmen für Kinder zu beachten ist. Viele Serien hinterlassen bei Kindern den Eindruck, daß häßliche Menschen böse und niedliche oder schöne Menschen immer gut sind. Ist es nicht erschreckend, wenn unsere Kinder mit dieser Vorstellung aufwachsen? Wie werden sie später Behinderten begegnen? Werden sie diese Menschen nicht zwangsläufig, aufgrund ihrer Behinderung, als böse einstufen?

Bei vielen Fernsehsendungen besteht natürlich auch die Gefahr, daß Kinder gefährliche Situationen, die sie gerade gesehen haben, nachspielen möchten. Es sind einige Fälle bekannt, in denen Kinder starben, weil sie versucht hatten, wie Superman »aus dem Fenster zu fliegen«.

Hierzu noch der Kommentar einer Journalistin: »Sie wissen, lieber Leser, daß ich an dieser Stelle schon über viele unglaubliche Dinge geschrieben habe, die unsere Moral bedrohen. Vielleicht denken Sie, daß es deshalb diesbezüglich kein neues Thema mehr geben könne. Doch es gibt eines: Die ›Vereinigung für homosexuelle und lesbische Künstler in der Unterhaltungsindustrie‹ mit Sitz in Los Angeles hat die Produzenten der Kindertrickfilme aufgerufen, auch homosexuelle Paare in diesen Serien zu zeigen. Sie verlangen zwar nicht, daß die jeweiligen Hauptfiguren auch homosexuell verkehren müssen, aber es sollte darauf hingewiesen werden, daß es gleichgeschlechtliche Paare gibt, und daß dies auch eine Möglichkeit des Zusammenlebens in einer freien Gesellschaft ist. Wenn ich als Journalistin das Fernsehen nicht nötig hätte, um mich über das, was in der Welt vorgeht, zu informieren, dann würde ich ernsthaft darüber nachdenken, meinen Fernseher abzuschaffen. Ich habe jedenfalls damit begonnen, genau zu kontrollieren, was sich meine Kinder ansehen. Zweimal in der Woche bringe ich meinen Müll hinunter, damit die Müllabfuhr ihn mitnimmt. Beim Fernsehen ist es inzwischen bald umgekehrt: sieben Tage und Nächte in jeder Woche wird der Müll ins Haus getragen.«

Es gibt viele Berichte von Familien, die eine Zeitlang bewußt aufs Fernsehen verzichtet haben. Ich habe noch nie gehört, daß diese Familien ihren Entschluß bereut hätten. Nach einer Umgewöhnungsphase berichteten sie im Gegenteil von verstärkter Kommunikation, besseren Schulleistungen und mehr Freude am Lesen.

Wenn die Entwicklung so weitergeht, dann ist das Fernsehen bald so schmutzig wie eine Jauchegrube. Und Sie wollen doch bestimmt nicht, daß Ihr Kind darin spielt?

Zeichentrickserien sollten nicht »auf die leichte Schulter« genommen werden, auch wenn es angeblich Kindersendungen sind. Einige dieser Sendungen enthalten soviel okkulte Praktiken wie ein Zauberlehrbuch; andere zeigen sexuelle Praktiken und wieder andere sind so gewalttätig wie manche Kinofilme, die erst ab 18 Jahren freigegeben sind. Diesen schlechten Vorbildern dürfen Kinder nicht ausgesetzt werden. Sie können Alpträume und starke Passivität auslösen. Diese Sendungen wurden zwar speziell für Kinder entwickelt, aber sie sind für Kinder nicht geeignet.

8

Niedlich und harmlos?

»Oh, sind die niedlich! Sie sind so goldig, so weich! Die muß man einfach gern haben.« Wovon reden wir? Von Spielzeug! Sind Sie jemals an einem Spielwarengeschäft vorbeigegangen, ohne — ganz gleich, woran Sie eben dachten — von der einladenden Schaufensterdekoration angezogen worden zu sein? Das ist kein Wunder. Spielwarengeschäfte wirken sehr einladend. Die vielen Farben und Formen wecken Neugierde, so daß sogar Erwachsene ins Schwärmen geraten und an ihre eigene Kindheit erinnert werden. Sie sind lila, blau, andere gelb. Ihr Haar spiegelt die Regenbogenfarben wider. Sie sehen wie Großmutters Puppen aus. Sie sind weich und knuddelig. Sie sind niedlich und reizend, aber nicht alle sind harmlos. Viele dieser Spielzeuge, sogar die, die Ihr Herz zum Schwingen bringen, tragen okkulte Symbole.

Mit diesem Buch will ich nicht erreichen, daß Eltern ihren Kindern verbieten, mit bestimmten Spielzeugen zu spielen. Aber ich möchte sie über die heimtückischen Einflüsse informieren. Bevor man diese Gefahren erkennt, sieht Spielzeug sehr harmlos aus. Wenn man aber einmal »das System durchschaut« hat, dann wird man sehr leicht die negativen Einflüsse erkennen, die manches Spielzeug auf Kinder hat. Unschuldige Gemüter werden mit okkulten Vorstellungen belastet. Durch dieses »niedliche und harmlose« Spielzeug wird ein Keil in den kindlichen Geist getrieben, durch den der Satan seinen Anspruch geltend macht und durch die tägliche (Spiel)-Erfahrung erneuert.

Das passiert natürlich nicht über Nacht. Manchmal dauert es Jahre, bevor die satanischen Einflüsse ihr Ziel erreicht haben —

nämlich die Konzentration des Geistes auf vergängliche und fleischliche Phantasien. Dieses Ziel wird durch Fernsehen, Filme, Musik, Pornographie, Bücher und Magazine, Gruppenzwang und auch Spielzeug angesteuert. Obwohl einige Spielzeuge ganz offensichtlich okkulten Hintergrund haben, müssen wir uns nicht nur um sie Gedanken machen. Es sind gerade die »niedlichen und harmlosen« Spielzeuge, die unsere Kinder gefährlichen Einflüssen aussetzen.

Verantwortungsbewußte Eltern werden ihre Kinder natürlich immer davor schützen, mit offensichtlich okkultem oder gewaltverherrlichendem Spielzeug zu spielen. Sie meinen allerdings oft, damit ihre Pflicht getan zu haben. Gerade aber das »harmlose« okkulte Spielzeug kann das Kind fast unmerklich verführen. Der kindliche Geist saugt alle Einflüsse auf, ob bewußt oder unbewußt. Mit der Zeit werden auch die unbewußten Einflüsse einen ebenso negativen Effekt haben wie die, die offensichtlich schlecht waren. Wie das Wort »okkult« schon sagt, ist der Symbolismus oft versteckt, verborgen, und nur für das wissende Auge erkennbar. Ich plädiere nicht dafür, deshalb alle »harmlosen und niedlichen« Spielwaren zu verbrennen. Aber ich rate, daß man sich mit Spielzeug ernstlich beschäftigt, bevor man es kauft. Man sollte in jedem Fall herausfinden, ob die verwandten Symbole mit der Heiligen Schrift übereinstimmen oder nicht.

In vielen Fällen liegt das Problem nicht im Spielzeug selbst, sondern vielmehr in den okkulten und gewaltverherrlichenden Vorstellungen, mit dem das Spielzeug durch Zeichentrickserien und Fernsehsendungen verbunden wird. Wenn ein Kind diese Sendungen ansieht, nimmt es die Dinge auf, die der Produzent in das Spielzeug hineingelegt hat. Es erlebt, wie das Spielzeug in den Filmen bestimmte Kräfte freisetzt, und überträgt sie dann auf das eigene. Sind dies okkulte Charakteristika, dann werden damit auch okkulte Vorstellungen im kindlichen Geist programmiert. Es ist dagegen viel besser für das Kind, seine eigene, von Gott gegebene Phantasie zu benutzen, um ein Spielzeug »lebendig« zu machen, als vorgegebene Ideen nachzuvollziehen.

Wie kam es dazu, daß heute ganz anderes Spielzeug angeboten wird, als dies noch vor einigen Jahren der Fall war? Um diese Frage zu beantworten, müssen wir uns die Menschen anschauen, die heute Spielzeug und Zeichentrickserien entwickeln. Sie unterscheiden sich nämlich erheblich von ihren Vorgängern aus früheren Jahren. Viele dieser Autoren und Designer entstammen der Generation der 60er Jahre und der Drogenära, einer Zeit also, die mit östlichen Religionen — besonders dem Hinduismus und Buddhismus — Bekanntschaft machte. Viele von ihnen leben in Hollywood und folgen dem dortigen Lebensstil, der sehr oft von Meditation, Drogen und dem Einfluß der östlichen Religionen bestimmt wird. Kaum einer dieser Zeichentrickautoren und Spielzeugdesigner hat irgendeine Verbindung zur Kirche. Das bedeutet, daß sie nicht im Einklang mit Gott stehen. Und schließlich sind viele von ihnen selbst ein Opfer der »Fernsehgeneration«.

Wenn man diese Hintergründe erkennt, versteht man auch die Einflüsse in der Arbeit dieser Autoren. Es ist offensichtlich, daß sie von okkulten Praktiken beeinflußt werden, selbst aber nicht daran glauben. Hedonistische und humanistische Werte sind »normal« und vertretbar geworden, und darum haben auch okkulte Vorstellungen ihren Platz in der Arbeit dieser Spielzeugdesigner. Man kann dem nicht entfliehen, womit der Geist gefüllt ist. Und da die Ideen für Spielzeug und Zeichentrickserien aus dem Geist kommen, sind sie entsprechend negativ beeinflußt. Als Resultat porträtieren deshalb viele der modernen Spielsachen und Fernsehserien verschiedene Formen von okkulten Vorstellungen.

Allerdings ist dies nicht die alleinige Schuld der Autoren. Unsere Gesellschaft wertet das Talent höher als den Charakter. Wenn jemand eine ungewöhnliche, ja geniale Qualität in seiner Arbeit als Spielzeugdesigner zeigt, dann wird er von der Gesellschaft mit Lob, Ehre und Preisen überschüttet. Niemand achtet darauf, welchen Charakter dieser Mensch hat. Dies gilt sogar für Menschen, die regelmäßig in die Kirche gehen.

Ein Beispiel: Wenn jemand in einem Kirchenchor als Solist besonders hervortritt, werden die Zuhörer mehr auf die schöne Stimme oder die perfekte Darbietung achten als auf sein geistliches Leben. Als Christen müssen wir aber mehr darauf achten, nach Gottes Willen zu leben, als darauf, wie wir von der Welt beurteilt werden. Wir müssen uns auf unser geistliches Leben mehr konzentrieren als auf unsere Talente. Alle unsere Talente sind »von Gott gegeben« und sollten nicht durch okkulte Kräfte verunreinigt werden. Autoren von Zeichentrickfilmen und Spielzeugdesigner werden ihr Verhalten nicht ändern, solange sie für die Produkte ausgezeichnet werden, die sie schaffen, ob diese Produkte nun okkult sind oder nicht.

Ich kann Ihnen keine Empfehlung geben, welches Spielzeug Sie kaufen sollen, denn Sie allein müssen entscheiden, was gut für Ihre Kinder ist.

Die Kuschel-Kinder (Cabbage Patch-Puppen)

Im allgemeinen sind Puppen ein gutes Spielzeug für kleine Jungen und Mädchen. Sie ermöglichen es den Kleinen, in ihrer Spielwelt die Elternrolle einzuüben. Unter diesem Gesichtspunkt sind auch die Kuschel-Kinder-Puppen, die in Amerika unter der Bezeichnung Cabbage Patch Kids entwickelt wurden, gut. Sie sind weich und haben die richtige Größe; auf ihre Art spiegeln sie sogar die reale Welt wider. Da sie alle individuell geformt und unterschiedlich groß sind, lernen die Kinder, daß es auch im wirklichen Leben diese Unterschiede gibt.

Während der letzten Spielzeugmesse in New York wurde eine neue Puppenserie vorgestellt. Diese Puppen sollen an die Flüchtlingskinder erinnern; sie sehen nicht nur orientalisch aus, sondern haben sogar einen ausländischen Paß. Kein Wunder, daß diese neue Produktreihe enthusiastisch aufgenommen wurde.

Dennoch sind einige Nachteile nicht zu übersehen. Das sollten Sie in jedem Fall in Betracht ziehen, bevor Sie diese Puppen für Ihre Kinder kaufen.

Meiner Meinung nach ist das Umfeld, von dem diese Puppen umgeben sind, mehr als real. Es ist gut, wenn Kinder »Familie« spielen und die Puppen dabei die Babys sind, weil das eine tatsächliche Lebenssituation widerspiegelt. Bei den Kuschel-Kindern wird allerdings leicht vergessen, daß es sich nur um Puppen handelt. Sie werden verheiratet, im Sommer in Ferien geschickt, begraben, sie bekommen Zahnspangen, um schiefgewachsene Zähne zu richten . . . Das ist eine Übertreibung, die zu weit geht. Es kann nicht gesund sein, Puppen in dieser Weise als »richtige Menschen« zu sehen. Eine bekannte amerikanische Journalistin schickte ihr Kuschel-Kind — mit Namen Ailienne Julienne — auf einen zweiwöchigen Puppenkurs. Der Kurs kostete 30 Dollar, wurde von einer Hausfrau in der amerikanischen Provinz abgehalten und war gedacht »für die Puppe, die sonst alles hat«. Als die Puppe nach zwei Wochen wieder zurückgeschickt wurde, trug sie ein T-Shirt mit dem Schulabzeichen, unter dem Arm ein Foto ihrer Klassenkameraden und ein goldumrandetes Diplom für die Teilnahme an einem Computerkurs.

Dazu noch ein weiteres Beispiel, daß man es mit der »Puppenliebe« auch zu weit treiben kann. Das Drama begann, als eine Mutter die Puppe ihrer Tochter waschen wollte, weil sie durch die Strapazen beim Spielen, auf dem Schulhof und im Bett ein wenig ihren Charme verloren hatte. Der Hersteller der Kuschel-Kinder warnt allerdings davor, die Puppen in die Waschmaschine zu stecken oder sie in die Reinigung zu geben. Nachdem diese Mutter ihr Problem mit ihren drei Schwestern besprochen hatte, kam ihnen die rettende Idee: die Entwicklung eines speziellen Reinigungsverfahrens und die Gründung einer »Cabbage-Patch-Klinik« in Amerika. Für knapp 10 Dollar können nun die Puppeneltern ihre »Kinder« in diese Klinik bringen und sie waschen lassen. Hier werden auch notwendige Reparaturen ausgeführt und — auf Wunsch — sogar die Haare frisiert. Die Inhaberinnen versprechen, jede Puppe individuell zu waschen und »liebevoll« zu behandeln. Und die Methode? Jede Puppe wird tatsächlich einzeln in einer Babybadewanne gewaschen, mit einem Babybadetuch abgetrocknet und mit einer Bürste geglättet. Eine der Frauen erzählte einem Reporter: »Man muß wirklich sehr sorgsam mit ihnen umgehen, wenn man bedenkt, was sie einem anderen Menschen bedeuten.« Die Reinigungsprozedur dauert fünf bis sieben Tage, weil die Puppen erst vollständig getrocknet sein müssen. Für manche Kinder ist dies eine lange Zeit; sie wollen ihre Lieblinge natürlich nicht so lange entbehren. »Es fließt manche Träne, wenn die Puppen bei uns abgegeben werden«, berichtet eine der Frauen. »Manchmal kommen die Kinder am nächsten Tag wieder, beobachten uns bei der Arbeit und freuen sich dann, wenn sie sehen, daß ihre Puppe bei uns Spielkameraden gefunden hat. Dann fühlen sie sich gleich besser.«

Für diese Kinder sind ihre Puppen nicht mehr Puppen, sondern lebendige Wesen. Ihr Phantasiespiel ist an dem Punkt angelangt, an dem ihre Auffassung von der Welt beeinflußt wird. Die Grenze zwischen Phantasie und realer Welt ist verschoben, eine Unterscheidung nicht mehr möglich. Der Hersteller dieser Puppen hat natürlich seinen Teil zu dieser Realitätsverschiebung beigetragen. Jede Puppe wird mit einer Geburtsurkunde und Adoptionspapieren geliefert; die Originalpuppen trugen sogar Geburtsmale. Wenn eine fehlerhafte Puppe ausgeliefert wird, wird sie an den Hersteller zurückgeschickt, allerdings nicht wie anderes Spielzeug durch ein neues, fehlerfreies ersetzt. Der Hersteller schickt vielmehr eine »Todesurkunde« für die »tote Puppe«. Dann erst bekommt das Kind eine neue Puppe geschickt, die allerdings keine Ähnlichkeit mit der fehlerhaften »toten« hat. Das übersteigt das kindliche Verständnis und endet in einem unausgewogenen Spielverhalten.

Andere jedoch beurteilen die Kuschel-Kinder positiv, weil sie die Kinder lehren, sich wie verantwortungsvolle Eltern zu verhalten. Die meisten Kinder aber, die mit diesen Puppen spielen, sind erst vier oder fünf Jahre alt! Sie sind keine Mini-Erwachsenen! Eltern sollten ihre Kinder nicht in ein Verhalten »jagen«, das ihrem Alter nicht entspricht. Aufgrund der »Vorprogrammierung« der Puppen glauben die Kinder, sie wären lebendige Wesen. Also haben die Kinder auch Verantwortung zu übernehmen, die sie in diesem Alter noch gar nicht tragen können. Besonders in Einkaufszentren kann man Kinder beobachten, die ihre Kuschel-Kinder im Arm tragen. Warum diese und keine andere Puppe? Die Antwort ist einfach: es sind doch richtige kleine Babys, und jede Mutter und jeder Vater würde sich schuldig fühlen, ein kleines Kind unbeaufsichtigt allein zu Haus zu lassen! Ich bin der festen Meinung, daß man Kinder lehren soll, Verantwortungsbewußtsein zu tragen. Das aber muß kindgemäß geschehen und ohne Auferlegung einer Verantwortung, die das Kind noch nicht tragen kann.

In einigen Schulklassen werden »Verantwortungs-Trainings-Kurse« abgehalten, in denen den Kindern ein weichgekochtes Ei gegeben wird mit der Aufgabe, es in der folgenden Woche wie ein eigenes Baby zu behandeln. Wo sie auch hingehen, das Ei muß dabei sein, es sei denn, sie haben einen Babysitter engagiert. Nur nachts darf das Ei ohne Beaufsichtigung bleiben; während das Kind schläft, ruht es im Kühlschrank. Dieses Training ist im Grunde nicht schlecht. Es weist auf die Verantwortung hin, die eine Familie mit sich bringt, und das ist auch für Schüler wichtig. Aber Vierjährige in eine solche Erziehungsverantwortung hineinzunehmen, ist zu früh.

Schließlich führte die Markteinführung der Kuschel-Kinder zu einem irrwitzigen Phänomen. Die Nachfrage war so groß, daß nicht genug Puppen hergestellt werden konnten. Schon bald konnte man im Anzeigenteil der Zeitungen Kleinanzeigen lesen, in denen bis zu 100 Dollar für eine Puppe geboten wurden. Die Leute wollten die Puppen unbedingt haben. Und die Kaufinteressenten waren bei weitem nicht nur Kinder; viele erwachsene Frauen waren ganz verrückt nach ihnen. Die Puppen wurden zu Statussymbolen, die man unbedingt besitzen mußte — sie wurden zu Idolen. Gruppenzwang und der Einfluß des Fernsehens führten dazu, daß die Kinder dieses Spielzeug unbedingt besitzen wollten, ganz gleich, was es kostet. Ich möchte an dieser Stelle betonen, daß ich dieses Spielzeug nicht für okkult halte. Aber das Konzept, das den Kindern vermittelt wird, übersteigt ihr Begriffsvermögen. Vorschüler sind noch nicht reif dafür, Eltern zu werden — sie haben noch einige Entwicklungsstufen vor sich. Warum also sollten sie gezwungen werden, jetzt schon Erziehungsverantwortung auf sich zu nehmen? Sie sollten vielmehr die Möglichkeit haben, mit ihren Puppen zu spielen, ohne dabei denken zu »müssen«, sie seien lebendige Wesen. Eine Puppe bleibt eben eine Puppe . . .

Barbie-Puppen

Barbie — und die vielen anderen Modepuppen — sind besonders für kleine Kinder bedrohlich. Diese Puppen lehren die Kinder nämlich andere Verhaltensweisen als jene Puppen, mit denen sie sonst »Familie« spielen. Sie ermutigen sie, sich auf sich selbst zu konzentrieren und dem Ideal nachzueifern, das Barbie ihnen vorgibt — besonders was die perfekte Frisur, den schönen Körper, den Freund, die Kleidung, das Auto und das Haus betrifft. Seit 27 Jahren stellt die Firma Mattel die Barbie-Puppe her, und in dieser Zeit hat sie weder ein Fältchen noch ein Gramm Übergewicht an ihrer makellosen »Stundenglas«-Figur zu beklagen. Bill Barton, einer der Barbie-Designer aus den späten fünfziger Jahren, gab in einem Newsweek-Interview zu, daß »Barbie schon für kleine Mädchen zu einer Bessenheit werden kann«. Er gab auch zu, daß diese mit einem attraktiven Busen und einer Wespentaille versehene Gestalt unrealistische Schönheitsideale bei Kindern hervorruft. »Wenn ein Kind weniger attraktiv ist, kann das bereits zu einer Psychose führen«, sagte Barton und betonte, daß seiner Meinung nach auch die weitverbreitete Plage der Magersucht teilweise auf die durch Barbie idealisierte Schlankheit zurückzuführen sei: »Die kleinen Mädchen möchten so schlank wie Barbie sein. Ich habe diese Puppen deshalb nie meinen Enkelinnen gegeben. Irgendwie haben die Barbies heute auch mehr Sex als früher. Ich glaube, kleine Mädchen sollten so lange klein bleiben dürfen, wie sie können.«

Die Zeitschrift PEOPLE wies kürzlich noch auf ein anderes Problem hin, an dem die Barbie-Puppen sicherlich eine Mitschuld tragen. In dem Artikel werden Eltern auf die Gefahren hingewiesen, die durch eine übersteigerte Betonung der weiblichen Schönheit bereits bei kleinen Mädchen entstehen können. Mädchen sollten nicht glauben, ihr Leben hinge davon ab, wie gut sie bei Schönheitswettbewerben abschneiden, und schönheitsbesessene Eltern sollten sich nicht zu kosmetischen Operationen bei Kindern hinreißen lassen.

Die Zeiten haben sich geändert, und auch Barbie ist nicht mehr das, was sie einmal war. Das Original hatte steife Haare, blasse Haut und ein dickes Make-up. Heute dagegen ist die ganze Puppe überaus beweglich, und auch ihr Brustumfang hat sichtlich zugenommen. Ihre Kleidung war immer ein Spiegelbild des jeweiligen Modetrends, und die Frisur hat sich vom Blumenkind-Look der sechziger Jahre zum heutigen Covergirl-Stil entwickelt. Als Barbie ihren 21. Geburtstag feierte, gab es bereits eine spanische, eine farbige und eine Eskimo-»Schwester«.

Kinder gewöhnen sich schnell an die perfekten Ideale, die Barbie ihnen suggeriert. Wenn achtjährige Mädchen mit diesen Puppen spielen, können sie durchaus schon zwischen Realität und Phantasie unterscheiden. Bei kleineren Kindern ist das noch nicht der Fall. Ihr Realitätsbild wird durch Fernsehen und Spielzeug geprägt und oft genug durcheinandergewirbelt, ohne daß dies bemerkt wird. Wenn sie größer werden, glauben sie, man müsse nur so gut aussehen wie Barbie, um einen so phantastischen Freund wie Ken zu bekommen. Und natürlich haben sie auch die Vorstellung, daß sie einmal einen Corvette-Sportwagen und ein Traumhaus besitzen werden. Wenn diese Phantasien sich nicht erfüllen, führt dies zu einer Lebens-Desillusionierung.

Heute spielen bereits sehr kleine Kinder mit Barbie. Insgesamt hat die Firma Mattel über 330 Millionen Barbie-Puppen verkauft. Angesichts des großen Marktanteils der jüngsten Altersstufe wurde kürzlich eine neue Produktlinie vorgestellt: »Meine erste Barbie-Puppe.« Durch dieses Spielzeug werden bereits sehr kleine Mädchen mit den Perfektionsansprüchen, die diese Puppen repräsentieren, gesättigt. Da diese Sättigung bereits in einem Alter geschieht, in dem der kindliche Geist leicht zu beeinflussen ist, werden die Ideale um so fester verankert sein, wenn die Kinder das Teenageralter erreichen. Mattel steckt zur Zeit viel Geld in eine Werbekampagne, um das neue Produkt einzuführen. Eine ganze Anzeigenseite zeigt zum Beispiel ein vierjähriges Mädchen, das gerade mit der Puppe spielt. Der Anzeigentext lautet: »Erinnern Sie sich noch an die Zeit, als Sie mit Ihrer ersten Barbie-Puppe spielten? Ihr das Haar frisierten, die schönsten Kleider anlegten — jeden Traum erlebten, den Sie träumten? Mädchen sind heute noch so, nur daß sie bereits viel früher mit Barbie spielen, als Sie es taten. Darum hat Mattel seine neueste Puppenschöpfung ›Meine erste Barbie‹ genannt. Sie ist geradezu ideal als erste Barbie-Puppe für Ihre Tochter. Und das sind die Gründe, warum diese neue Puppe einfach wunderbar ist: Ihre langen Haare sind auch für ungeübte kleine Finger leicht in einfache Frisuren zu legen. Ihre Arme und Beine sind gerade und aus weichem Material — und somit leicht zu bekleiden. ›Meine erste Barbie‹ wird mit einem kompletten, vierteiligen, modischen Kleiderset geliefert — alles paßt zusammen. Natürlich gibt es für diese Puppe auch ein eigenes Modeprogramm. Wenn Ihre Tochter nun also eine Barbie-Puppe haben möchte, schenken Sie ihr ›Meine erste Barbie‹. Das ist die Barbie-Puppe, mit der auch die ganz kleinen Hände schon etwas anfangen können.«

Ungeachtet des Einwands, daß Barbie auf unrealistische Weise die Perfektion des Körpers verherrlicht, besteht die Firma Mattel darauf, daß diese Puppe im Gegenteil positive Verhaltensweisen lehren würde, wie z. B. das Anlegen des Sicherheitsgurtes im Auto und gutes Benehmen im allgemeinen. Kinder sollten nicht in der Erwartung aufwachsen, schön sein zu müssen. Vielmehr sollte ihnen gesagt werden, daß die wirklich schönen Menschen — auf die Gesamtbevölkerung gerechnet — nur einen sehr kleinen Prozentsatz ausmachen, und daß die meisten Frauen eher durchschnittlich aussehen und trotzdem in Gottes Augen nicht weniger wert sind. Ihnen sollte klar werden, daß es viel wichtiger ist, sich auf sein geistliches Leben zu konzentrieren. Deshalb ist es für ein Kind besser, mit einer ganz normalen Puppe zu spielen und die Mutterrolle einzuüben.

Schlümpfe

Die Schlümpfe gelten als niedlich und absolut harmlos. Aber auch hier ist der Einfluß der Comics und der Zeichentrickserie für die Beurteilung aus kindlicher Sicht von entscheidender Bedeutung.

Die Figuren (es gibt sie als kleine Plastikfiguren, aber auch als große Stoffpuppen) sind tatsächlich niedlich und an sich harmlos. Werden sie allerdings in Zusammenhang mit den Comics und der Zeichentrickserie gebracht, sind sie sehr wohl imstande, den kindlichen Geist mit okkulten Vorstellungen zu »füllen«. Auf den ersten Blick machen auch die Zeichentrickfilme keinen schlechten Eindruck, aber der Hintergrund muß trotzdem als okkult bezeichnet werden.

In dieser Serie und auch in den Comics werden unterschiedliche Formen des Okkultismus präsentiert. Die offensichtlichste verkörpert die Figur des Papa Schlumpf (in den Comics heißt er der Große Schlumpf). Jedesmal, wenn die Schlümpfe ein Problem haben, gehen sie zu Papa Schlumpf, der immer einen Spruch bzw. eine Zauberformel zur Hand hat. Das macht auf Kinder einen starken Eindruck. Wir Christen möchten aber, daß sich unsere Kinder in Problemsituationen an den Herrn Jesus Christus wenden. Gott sagt uns in seinem Wort, daß wir uns auf ihn verlassen sollen, und nur auf ihn. Wir dürfen uns nicht auf Zauberei und ähnliches stützen, wenn wir Probleme haben. Kinder können Gottes Prinzipien nicht kennenlernen, wenn ihnen andauernd suggeriert wird, ihre Probleme wären auch durch Zauberei und andere okkulte Praktiken zu lösen.

In den Geschichten von den Schlümpfen werden auch okkulte Symbole benutzt, z. B. ein Pentagramm. Der Zauberer Gargamel zeichnet es auf den Boden und versieht es an jeder Ecke mit einer brennenden Kerze. Dann tanzt Gargamel — er ist ein böser Zauberer und immer hinter den Schlümpfen her — in der Mitte dieses Pentagramms und murmelt Beschwörungen. Ein Pentagramm ist ein fünfeckiger Stern, und dient im Okkultismus zur Dämonenbeschwörung. Nachdem Gargamel seine Formel gesprochen hat, öffnet sich ein magisches Buch. Ein Geist verläßt das Buch und beseelt Gargamels Körper. Dadurch wird ihm Kraft verliehen, gegen die Schlümpfe zu kämpfen. Was Gargamel hier tut, haben Hexen seit Jahrhunderten schon vorgemacht. Es ist ein böser Hexentrick, den Millionen Kinderaugen verfolgen.

In einer weiteren Folge bedient sich Papa Schlumpf der angeblichen Zauberkraft des Knoblauchs, um einen Fluch außer Kraft zu setzen, der über die Schlümpfe und ihre Freunde ausgesprochen worden war.

Jetzt also »weiß« das Kind, wie man mit diesen Figuren spielen muß — natürlich so wie im Fernsehen! Die eigene Phantasie ist nicht mehr nötig, um dem Spielzeug Leben zu geben, das ist bereits durch die Zeichentrickfilme geschehen. Das Kind wird die Situationen nachvollziehen, die es gerade am Bildschirm gesehen hat. Die Schlümpfe werden Zaubersprüche sagen, und das Kind selbst wird vielleicht in die Rolle des Zauberers Gargamel schlüpfen. Je mehr das Okkulte im Spiel vorkommt, um so mehr wird es zu einem Teil des kindlichen Lebens, nicht mehr ungewöhnlich, sondern ganz normal.

Walt Disney's Gummibärenbande

Wie bei den Schlümpfen ist Zauberei auch in der Serie um die Gummibären ein wichtiger Bestandteil. Es gibt fünf Gummibären, einer davon ist ein Zauberer. Die Geschichte der Gummibären und ihre Weisheiten stehen im »Großen Buch der Gummies«. Die Bären sind Nachkommen des »Großen Gummibären«. Die meisten von ihnen verfügen über die magischen Kräfte, die ihre Vorfahren besaßen, aber leider verloren. Allerdings kennen sie das Rezept für den »Gummibeeren«-Saft, der menschlichen Wesen übermenschliche Kräfte verleiht. Ein kleiner Junge freundet sich mit den Gummibären an. Er trinkt von dem Zaubersaft und hilft ihnen dann, gegen ihre Feinde zu kämpfen: Kannibalen, die von einem bösen entmachteten Herzog angeführt werden.

Natürlich sind die Bärchen niedliche Geschöpfe, aber ihre Geschichten sind voller Magie und Okkultismus.

Mein kleines Pony

«Mein kleines Pony« hat überall auf der Welt die Herzen der Kinder — besonders der kleinen Mädchen — im Sturm erobert. Wenn Sie in einen Spielwarenladen gehen, werden Sie wahrscheinlich begeisterte Kinderstimmen hören: »Bitte, Mama! Es ist doch so niedlich! So eins möchte ich haben!«

Ja, die kleinen Ponys sind so. Es gibt sie in verschiedenen Formen und Größen. Sie sind meist pastellfarbig, einige sind aus Plastik, andere mit Stoff bezogen — und die »Seepferdchen« sind bestens für die Badewanne geeignet. Fast alle sehen wie normale Pferde aus, aber es gibt auch Einhörner (mit einem Horn auf der

Stirn) und solche, die Flügel besitzen. Einhörner und Pferde mit Flügeln, auch »Pegasus« genannt, entstammen der griechischen bzw. römischen Mythologie. Viele der Gottheiten besaßen solche mystischen Kreaturen. Pegasus, ein Streitroß mit Flügeln, flog unermüdlich durch die Lüfte, schnell wie ein Sturmwind. Er gehörte Bellerophon, und die Griechen glaubten, er entstamme den Stallungen von Zeus, dem Gott des Blitzes und des Donners. Pegasus' Aufgabe war es, Zeus die Blitze und den Donner zu bringen, wann immer er sie benötigte. Weil diese Spielfiguren von mythologischen Kreaturen abgeleitet sind, sind sie auch okkult. Mythologie steht im Gegensatz zu Gottes Wort. Aber dies ist nicht das einzige Problem, das diese Serie in sich birgt. Einhörner sind auch ein Symbol der »New Age-Bewegung«, die ebenfalls völlig der Bibel widerspricht. Für die New Age-Anhänger ist das Einhorn ein Symbol der Unschuld und der Sanftheit, personifiziert in dem Kind »Horus«. New Age, das Neue Zeitalter — auch als das Goldene Zeitalter bekannt —, wird ebenso als das »Zeitalter des Wassermanns« oder das »Äon des Horus« bezeichnet. Somit ist das Einhorn also das Symbol des zukünftigen Weltherrschers, der den Frieden auf die Erde bringen soll. Das Einhorn ist ein Symbol des Antichristen, den der Prophet Daniel in seiner Vision beschrieben hat als »das kleine Horn, das hervorbricht zwischen den zehn Hörnern«. Die Spielfiguren der »Mein kleines Pony«-Serie mögen ansprechend sein, aber sie gründen ohne Zweifel im Okkultismus; und dies beschränkt sich nicht nur auf das Spielzeug, sondern auch auf die dazugehörige Zeichentrickserie.

Sie erscheint zunächst völlig harmlos. Die Pferdchen spielen in einer pastellfarbenen Welt auf grünen Weiden mit wunderschönen Bächen und Quellen. Doch dann kommen fliegende Drachen mit dämonisch dreinblickenden Reitern vom Himmel und zerstören das friedliche Bild. Die Aufgabe der Reiter ist es, vier Ponys zu rauben und sie vor Mitternacht in ein Schloß zu bringen. Dort werden sie von einem Wesen, das halb Mensch und halb Ziege ist, empfangen (im Film sind die gespaltenen Hufe dieses Wesens besonders gut zu erkennen, ebenso seine zwei Hörner und eine Tasche, die es um den Hals trägt). Die dämonischen Reiter stellen fest, daß eines der Ponys zu klein ist, um den »Siegeswagen der Finsternis« zu ziehen. Den anderen drei Ponys wird befohlen, in die »Tasche der Finsternis« zu sehen; sofort verläßt eine dunkle Macht die Tasche und verwandelt die Ponys in riesige Drachen. Mittlerweile haben sich die anderen Ponys auf der Weide einen Plan ausgedacht, um ihren Freunden zu helfen. Sie fragen einen Zauberer um Rat, der bei den Pilzen lebt (in der Drogenszene wird ein bestimmter rauschauslösender Pilz »der magische Pilz« genannt). Der Zauberer schenkt den Ponys ein Stückchen vom Regenbogen und sagt ihnen, daß seine Kraft ihnen helfen würde. Der Regenbogen ist ebenfalls ein Symbol, das die New Age-Bewegung repräsentiert. Mit dem Stück vom Regenbogen bewaffnet, gehen die Ponys und ein kleines Mädchen nun zum Schloß, werden unterwegs aber gefangen. Eins der Ponys wird ebenfalls in einen Drachen verwandelt, und somit kann der »Siegeswagen der Finsternis« losziehen, um die Welt zu »befreien«. Nachdem das kleine Mädchen beobachtet hat, wie das letzte Pony in einen Drachen verwandelt wurde, wirft es das Stück Regenbogen gen Himmel und ruft: »Die Kraft des Regenbogens wird dich beschützen!« Als Antwort darauf löst das Mensch-Ziegen-Wesen die Mächte der Finsternis, die mit einem schwarzen Regenbogen den des Mädchens überschatten. Doch plötzlich überwindet der kleine Regenbogen den großen schwarzen, und der Zauber ist gebrochen. Das kleine Mädchen ruft aus: »Auf die Kraft des Regenbogens kannst du dich immer verlassen!«

Diese Beschreibung einer Episode ist ein gutes Beispiel für die verwendeten Bilder, die tatsächlich Alpträume bei kleinen Kindern auslösen können. Dennoch wurde diese furchteinflößende Serie für Kinder konzipiert! Neben den angsterweckenden Szenen wird zugleich okkulter Symbolismus und New-Age-Gedankengut propagiert.

Glücks-Bärchi

Auch die Glücks-Bärchi sind ein Beispiel für Spielzeug, das — für sich gesehen — durchaus annehmbar ist. Stellt man es allerdings in den Zusammenhang mit den entsprechenden Kinofilmen, werden Eltern — und besonders christliche Eltern — auch mit diesem Spielzeug Probleme haben. Die kritischen Punkte des Films sind nicht so offensichtlich, eher versteckt. Ich will darauf eingehen, weil sich dieses Spielzeug immer größerer Beliebtheit erfreut.

Durch den gesamten Glücks-Bärchi-Film ziehen sich — wohlversteckt — drei Elemente: Humanismus, Zauberei und östliche Religionen. Die Glücks-Bärchi sind eigentlich Teddy-Bären, die jeweils eine positive Eigenschaft verkörpern. Diese wird durch ein Emblem auf ihrem Bauch symbolisiert. Sie repräsentieren ein weites Spektrum menschlicher Gefühle und erreichen damit alle Altersgruppen.

Die Glücks-Bärchi leben in einer Welt über den Wolken. Immer, wenn ein Kind sie in einer schwierigen Situation braucht, kommen sie zur Erde, helfen und lehren, daß die gegenseitige Fürsorge das Wichtigste im Leben sei. Obwohl die Glücks-Bärchi-Symbolik nicht ausgesprochen christlich ist, steht sie eigentlich nicht im direkten Gegensatz zu Jesu Gebot, Gott von ganzem Herzen zu lieben und auch unseren Nächsten wie uns selbst. Die Glücks-Bärchi legen Wert auf Gefühle, besonders das der Liebe. Viele ihrer Handlungen sind auch vom Gefühl gelenkt. Und doch sagt die Bibel uns, daß wahre Liebe nicht auf einem Gefühl beruht, sondern auf Hingabe. Die humanistischen Tendenzen in unserer Gesellschaft wollen erreichen, daß unsere Kinder ihr Leben und ihre Handlungen auf Gefühlen aufbauen. In der Realität jedoch sind es meist die gefühlsabhängigen — und nicht vom Wort Gottes gelenkten — Menschen, die äußerst problematisch sind.

Auf ihre Weise bieten die Glücks-Bärchi eine Form der humanistischen Psychologie an, die Werte wie Liebe, Anteilnahme und Spontaneität beinhaltet und vermittelt, daß man durch Wachstum der Persönlichkeit zur Erfüllung des wahren Menschseins gelangen kann. Um es einfach zu sagen: Der Humanismus lehrt, daß der Mensch Gott ist; es gibt nichts Absolutes, und jeder bestimmt sein eigenes Ziel. Ihren Ursprung hat diese Bewegung im Buddhismus und Hinduismus, und somit wird auch deutlich, warum die Glücksbärchi den Kindern raten, mit ihren eigenen Gefühlen ihr eigenes Leben zu steuern. Als Christen wissen wir, daß dies unbiblisch ist. Das Leben des Christen wird von Gott und durch seinen Willen gelenkt. Nur er kann unsere Probleme lösen. Im Gegensatz dazu spielen die Glücksbärchi eine gottähnliche — oder zumindest den Engeln zuerkannte — Rolle, wenn sie Kindern in Problemsituationen helfen und dabei ihre eigenen religiösen Gesetze und Rituale praktizieren. Auch Zauberei ist in dieser Serie unübersehbar. Zum Beispiel kommt ein Junge unter den Machteinfluß eines magischen Buches, aus dem ein dämonischer Geist zu ihm spricht. Praktiken, die uns von östlichen Religionen bekannt sind, werden ebenfalls gezeigt. Die Glücks-Bärchi verteidigen sich zum Beispiel mit einem »magischen Blick«, einem Energiestrahl, der aus ihrem

Körper kommt. Wer sich in den östlichen Religionen auskennt, weiß von der Bedeutung des Energiezentrums, konzentriert in einem Körperbereich. Bei den Glücks-Bärchi handelt es sich im Grunde um dasselbe Konzept. Wie viele andere Spielzeuge in diesem Kapitel erscheinen auch die Glücks-Bärchi zunächst als harmlos. Und doch ist es die heimtückische Verführung, die sie so gefährlich machen.

Regina Regenbogen

Regina Regenbogen ist ein kleines Mädchen, das »Farbtupfer selbst in den schwärzesten Tag bringt und ein Lächeln auf ein Mädchengesicht zaubern kann«. Oft gleitet sie auf ihrem fliegenden Zauberpferd »Sternschnuppe« durch die Lüfte. Regina Regenbogen lebt mit ihren Freunden am Ende des Regenbogens, dort, wo alle Farben der Erde geschaffen werden. In den Ohren der kleinen Mädchen klingt das geradezu vollkommen. Aber es gibt auch die Kehrseite der Medaille, denn auch dieses Spielzeug mit der dazugehörenden Zeichentrickserie und den Hörspielkassetten ist mit okkulten Symbolen geradezu überladen.

Regina Regenbogen lebt mit ihren Freunden, den Farbenkindern, und den fröhlichen Arbeitern, die die Farbtupfer herstellen, im Regenbogenland. Es ist ihre Aufgabe, gegen die Mächte des Schattenreiches zu kämpfen und dafür zu sorgen, daß die Welt immer hell, farbig und fröhlich ist. Dabei begegnet sie oft furchterregenden Monstern. Obwohl Regina Regenbogen für einen guten Zweck kämpft, ist die Intensität und Gewalttätigkeit dieser Szenen oftmals mehr, als ein fünfjähriges Kind verkraften kann. Aber genau für diese Altersgruppe wurde die Figur geschaffen ... Auch der Hintergrund der Serie, der Regenbogen nämlich, ist für viele Christen problematisch. Das Wort Gottes sagt, daß der Regenbogen ein Zeichen für das Versprechen Gottes sei, die Erde nie wieder durch eine Sintflut zu zerstören. Für die Anhänger der New Age-Bewegung hat der Regenbogen allerdings eine gänzlich andere Bedeutung. Für sie ist er ein Zeichen »für die Errichtung der Regenbogenbrücke (antahkarana) zwischen Mensch und Luzifer, der Über-Seele«.

Die humanistische Lehre ist heute an den Schulen weit verbreitet. Sie ist schon so zu einem Bestandteil unseres Lebens geworden, daß wir die okkulten Symbole, die Basis ihrer Grundsätze, gar nicht mehr wahrnehmen. Trotzdem bleibt der Humanismus unvereinbar mit dem Wort Gottes. Und somit ist auch jedes Spielzeug, jede Zeichentrickserie oder jeder Kinderfilm, der die Symbolik des New Age, dieses »Neuen Zeitalters« enthält, nicht in Einklang mit Gottes Wort zu bringen.

Ich hoffe, daß Sie nach dem Lesen dieses Kapitels besser verstehen, auf welchen Schleichwegen sich der Satan Zugang zum kindlichen Herzen verschaffen will. Darum, nicht alles, was »niedlich und harmlos« aussieht, ist es auch wirklich!

9

Die Herrscher des Universums

Er ist stark, anständig und allmächtig. Er ist der »Herrscher des Universums«. Er heißt »He-Man«.

Für viele Kinder ist er zu einer gottähnlichen Figur geworden. Er ist jemand, der Probleme machtvoll bewältigt. Er verliert nie einen Kampf und ist immer zur Stelle, wenn ein Freund in Not ist. Kinder sehen ihn als allmächtig und allwissend an.

Im Jahre 1982 stellte die Firma Mattel die Spielzeugserie »Masters of the Universe« vor. Aber erst, als im Herbst 1983 in Amerika eine täglich halbstündige Zeichentrickserie eingeführt wurde, explodierte der Umsatz förmlich. Die drei großen amerikanischen Fernsehsender weigerten sich, den Streifen zu übernehmen, und so wurde diese Serie zum ersten großen Zeichentrick-Erfolg für die Privatsender. Im Dezember 1984 wurde die Serie bereits täglich über 166 Stationen in den USA ausgestrahlt, außerdem waren Senderechte an 37 Länder verkauft worden. In Deutschland kann die Serie in jeder Videothek entliehen werden. Die Zuschauerschaft umfaßt inzwischen allein in den USA fast 9 Millionen Kinder. Die Serie ist besonders bei Jungen im Alter zwischen vier und acht Jahren beliebt, nur 30 Prozent der Zuschauer sind Mädchen. Grundlage der Zeichentrickfilme sind die »Action-Figuren« aus Plastik. Von 1982 bis Dezember 1984 verkaufte die Spielzeugfirma weltweit 70 Millionen Einheiten dieser Figuren, 55 Millionen davon allein in den Vereinigten Staaten. Das bedeutet, daß jedes amerikanische Kind unter neun Jahren im Schnitt 1,7 »Masters«-Figuren besitzt. Nur die »Barbie-Puppen«, die einen Jahresumsatz von 260 Millionen Dollar erreichten, haben jemals in der Geschichte der Firma Mattel einen vergleichbaren Erfolg gehabt. Es ist nachzulesen, daß die »He-Man«-Spielsachen 500 Millionen Dollar Umsatz gebracht haben — und dann erreichten die Lizenzeinnahmen für Zahnbürsten, Unterwäsche, Bettlaken, Handtücher und Wecker mit dem »Masters«-Symbol noch einmal die 500 Millionen Dollar-Marke. Das bedeutet einen Gesamtumsatz allein von dieser Produktserie von einer Milliarde Dollar! Das sind eine Unmenge Spielsachen, wenn man bedenkt, daß eine Figur zwischen 10 DM und 20 DM kostet. Und noch ist kein Ende des Verkaufbooms abzusehen. Mattel macht immer noch 50 Prozent seines Großhandelsumsatzes mit einem einzigen Produkt. Daneben werden die Zeichentrickfilme auf Video ausgewertet, es gibt Hörspielkassetten, Comic-Hefte usw. Sogar ein Spielfilm mit realen Schauspielern wurde gedreht. Firmensprecher berichten, daß die »Masters«-Regale in den Spielwarenläden schnell leergeräumt sind, wenn eine neue Lieferung angekommen ist. Und Geschäftsinhaber bestätigen, daß sie so etwas nur noch mit den Kuschel-Kindern erleben, besonders vor Weihnachten. Manchmal fahren Eltern viele Kilometer, um die begehrten Spielsachen zu kaufen, und informieren andere Eltern, wo man die neuesten »Masters«-Produkte am sichersten bekommt.

Inzwischen gibt es mehr als zwei Dutzend verschiedene »Action-Figuren« — gute und schlechte. Die meisten sind in der Hüfte beweglich, so daß die Kinder sie leichter in »Kampfszenen« einsetzen können. Jedes Jahr kommen neue Figuren hinzu. So wird das Interesse an der Serie wachgehalten. Ende 1985 gewann ein 12jähriger Junge den 100 000-Dollar-Preis, den die Firma für die »beste Erfindung einer neuen Figur« ausgesetzt hatte. Er entwickelte ein Wesen, das Feinde zunächst fotografiert und dann ihre bösen Züge »austrocknet«. Zu dem Preis gehörte auch, daß der Junge für einen Tag »Ehren-Präsident« der Firma wurde und das Management außerdem bei Neuentwicklungen beraten durfte.

Wie kommt es, daß diese Spielzeugserie so erfolgreich ist? Zunächst muß festgestellt werden, daß vor der Einführung der »Masters of the Universe«-Zeichentrickserie fast nur Wiederholungen im Kinderprogramm gezeigt wurden. Somit ist es verständlich, daß die Kinder neugierig auf diese neue Serie waren. Wer sie einmal gesehen hatte, wollte natürlich auch wissen, wie es weitergeht. Jede Sendung aber ist angefüllt mit übernatürlichen Dingen.

Die Figuren dieser Serie unterscheiden sich von denen anderer Kinderprogramme. Sie sind außergewöhnlich, eine Mischung aus Altertum, Computerzeitalter und Mutanten. Die Erfinder haben sich mystischer Geschichten bedient und sie ins dritte Jahrtausend transportiert. So kommt es, daß die Figuren wie Mutationen aussehen — halb Mensch und halb Tier, oder halb Mensch und halb Roboter. Jeder von ihnen spielt eine gottähnliche Rolle. Sie haben jede Situation durch ihre Kräfte im Griff. Die Geschichten spielen in der unbekannten mystischen Welt Eternia, in der die Vergangenheit, die Gegenwart und die Zukunft zusammenlaufen. Dadurch, daß der Schauplatz der Geschichte eine unbekannte Szenerie ist, ist der Zuschauer von vornherein neugierig und fasziniert. Seine Phantasie wird angeregt und erweitert. Wenn man einige Teile der Serie gesehen hat, kann man die Einflüsse von »Superman«, »Conan, der Barbar«, »Krieg der Sterne«, der griechischen, römischen und germanischen Mythologie sowie der Sagen um König Arthur und seiner Tafelrunde entdecken.

Diese Serie gefällt aber nicht nur Kindern. Durch eine kurze »Moral-von-der-Geschicht'« am Ende einer jeden Sendung konnte man auch Eltern und Lehrer dafür begeistern. Wie die Geschichte auch immer ausgeht, es gibt immer eine »soziale« Botschaft. Zum Beispiel, daß jeder für seine Handlungen selbst verantwortlich ist. Oder es wird die Wichtigkeit von Freundschaft, Teamwork und Zusammenhalt betont. Diese »Moral« ist meist in nur wenigen Sekunden abgehandelt. Damit ist die Sendung nicht gerade ausgewogen, besonders dann nicht, wenn man die Gewalttätigkeiten betrachtet. Ob nun weniger als in anderen Serien oder nicht — immerhin bringt es »Masters« in der Regel auf über 30 gewalttätige Handlungen pro 30-Minuten-Sendung.

Der Star der »Masters of the Universe« — sowohl der Spielsachen als auch der Fernsehserie — ist »He-Man«, das »andere Ich« eines blonden Herkules namens Adam, Prinz des Planeten Eternia. Bei Problemen erhebt Adam sein Zauberschwert und ruft: »Bei der Macht von Grayskull! — Ich habe die Zauberkraft!« Wie durch Zauberhand — und unter Blitz und Donner — verwandelt er sich dann in He-Man, den mächtigsten Mann des Universums. Gleichzeitig verwandelt sich Adams Katze Cringer in eine Kampfkatze, groß wie ein Pferd, mit Namen Battle Cat. Die Hauptaufgabe He-Mans ist es, die Geheimnisse des Universums, die auf Schloß Grayskull versteckt sind, vor dem bösen Skeletor und seiner

Dämonenhorde zu bewahren. Dabei wird er von seinen Freunden Man-at-Arms, Zoar und Orko unterstützt. He-Mans Erzfeind Skeletor ist der Herrscher der Dämonen, ein Bösewicht mit übernatürlichen Kräften. Die meisten Episoden handeln von den Angriffen Skeletors und seiner Horde, unter denen sich Typen mit Namen wie Beast Man, Evil-Lyn, Trap Jaw, Tri-Klops und Stinkor befinden, die versuchen, Eternia zu besetzen oder zumindest Schloß Grayskull zu erobern.

Nach Ausstrahlung der Fernsehserie — die eigentlich nicht mehr ist als eine halbstündige Werbung für das Spielzeug — gehen die Kinder dann zu ihrer Spielzeugkiste, holen sich ihre »Masters«-Figuren heraus und lassen dann beim Spiel ihrer Phantasie freien Lauf. Andere spielen genau nach, was sie gerade am Bildschirm gesehen haben. Wenn man den okkulten Hintergrund der Serie bedenkt, muß das schon Anlaß zur Sorge geben. Die Kinder sind ja meist noch zu klein, um diese Gefahr zu erkennen. Die Kinder beobachten, wie die »Macht von Grayskull« Adam verwandelt und ihn mit übernatürlichen Kräften ausstattet. Viele Eltern haben berichtet, daß sich ihre Kinder nach der Sendung ein Plastikschwert nehmen, durch die Wohnung laufen und rufen: »Bei der Macht von Grayskull! — Ich habe die Zauberkraft!« Gottes Wort aber sagt uns, daß wir Menschen nur durch das Blut Jesu Macht oder Autorität über andere haben können. Nirgendwo in der Bibel ist die Macht von Grayskull erwähnt . . .

Bevor wir uns anderen Formen des Okkultismus in dieser Serie zuwenden, möchte ich aus einem Brief zitieren, den mir ein besorgter Vater vor einigen Monaten schrieb:

»Lieber Herr Phillips,

ich möchte Ihnen einige Richtlinien vorstellen, die ich beachte, wenn es um die Auswahl des richtigen Spielzeugs oder der geeigneten Fernsehprogramme für meine Kinder geht. Eine Auswahl müssen wir ja treffen, aber die Schwierigkeit ist, die Grenze zu ziehen, besonders bei ›Warum-eigentlich-nicht?‹-Themen. Ich habe nicht viel Gelegenheit, mir selbst die Kinderprogramme anzusehen, und wenn, dann stelle ich mir die einfache Frage: ›Gibt es für Jesus einen Platz in dieser Geschichte?‹ Lautet die Antwort ›Nein‹, dann dürfen meine Kinder diesen Film nicht sehen.

Ich wünschte, ich hätte dieses Verfahren schon gehabt, als die ›Masters of the Universe‹-Serie begann. Seit einem Jahr ist diese Sendung nun aus unserem Haus verbannt, denn ich war entsetzt über die Auswirkungen, die sie auf meine zwei Jungen hatte. Sie stritten sich nur noch, ob nun mit Freunden oder untereinander. Am schlimmsten waren diese Zombie-Geschichten. Mein Ältester wartete den ganzen Tag ungeduldig auf den Beginn der Sendung, und als unser dritter Sohn sprechen konnte, waren seine ersten Worte: ›Ich habe die Zauberkraft!‹ Als ich die Sendung verbot, gab es natürlich Protest. Aber schon nach einigen Tagen merkten wir, wie richtig die Entscheidung war: Die Kinder begannen wieder zu spielen, und die Ungeduld und Aggressivität legte sich . . .«

Dieser Brief ist nur ein Beispiel von vielen, die ich erhalten habe, und zeigt, daß Kinder tatsächlich im Spiel »nachvollziehen«, was sie am Bildschirm gesehen haben.

Mein erstes Argument gegen diese Serie ist die »eingebaute Botschaft«. Schon der Name »Masters of the Universe (Herrscher des Universums) besagt, daß diese Wesen den Menschen übergeordnet sind und auf einer Stufe mit Gott stehen. Es gibt aber nur *einen* Gott, und er allein ist der Herrscher des Universums! Der Herrschaftsanspruch allein ist also eigentlich schon blasphemisch. Dennoch verherrlichen Kinder diese Figuren genauso, wie die Kinder Israel es mit heidnischen Götzen taten.

Daneben benutzt sowohl die Spielzeug- wie auch die Zeichentrickserie ganz offensichtlich okkulte Symbole in verschiedenster Form. Das Schloß Grayskull, durch das He-Man seine Kraft erhält, hat seinen eigenen Geist, der in einem Schädel sichtbar wird. Dieser Schädel wird auch in den Comics, die dem Spielzeug beiliegen, oft gezeigt.

Der Hauptakteur des Okkulten jedoch ist Skeletor, der Herr der Zerstörung, der Herrscher der Dämonen. Sein Gesicht ist nur ein Schädel, und er trägt einen Stab mit Widderhörnern. Dieser Stab wird oft bei okkulten Praktiken verwendet, oft auch mit einer Taube, der die Flügel gebrochen wurden. Skeletor hat die Macht, sich in andere Wesen »hineinzuprojizieren« und dann ihre Gedanken zu lesen und zu kontrollieren, eine Praxis, die man von Medien her kennt. In 5. Mose 18,10-12 und auch im Galaterbrief, Kapitel 5,19-21 warnt Gott vor Menschen, die so etwas praktizieren. Gott sagt, daß ihm dies ein Greuel sei, und jeder, der sich damit beschäftigt, das Reich Gottes nicht ererben wird.

In einem Comic-Heft, das einer der Figuren beiliegt, ist Skeletor im »Lotussitz« abgebildet — die Beine gekreuzt, die Arme ruhend auf den Knien. Aus seinem Kopf kommt ein Energiestrahl, der eine Kristallkugel erleuchtet. Kristallkugeln werden in der Wahrsagerei benutzt, um in Kontakt mit Toten zu treten. Diese Form der Anbetung wird heute noch in Tibet praktiziert.

In einem Comic-Heft entdeckt Skeletor den Pyramidenkult und die Macht der Pyramiden. Im selben Heft greifen die »tollwütigen Geister der Luft« He-Man an. Möchten wir, daß unsere Kinder diese Praktiken in ihren Spielen nachvollziehen? Wollen wir, daß sie glauben, mit der »Macht von Grayskull« könnten sie Wunder vollbringen? Oder sollen sie Gott als Herrn des Universums erfahren, durch dessen Macht alle Dinge möglich sind?

Skeletor ist allerdings nicht der einzige, der okkulte Symbole verkörpert. Teela, die Kriegsgöttin der Serie und Oberbefehlshaberin der königlichen Garde von Castle Grayskull, zum Beispiel trägt einen Stab mit dem Kopf einer Kobra. Ihr Helm und ihr Brustpanzer sind ebenfalls in Form einer Kobra gearbeitet. Diese Schlangen werden in manchen Ländern als Göttinnen verehrt. »Wir sind nach dem Ebenbild Gottes geschaffen« — die Masters-Serie hat diese Schöpfungsordnung jedoch durch Mutationen zerstört (eine Mutation ist eine Kreatur, die in ihren Erbanlagen so verändert ist, daß sie sich von anderen Geschöpfen ihrer Art erheblich unterscheidet). Hier sind einige dieser Mutationen:

Man-E-Faces: ein Mensch, Roboter und Monster zugleich
Beast Man: ein wilder Barbar, halb Mensch und halb Tier
Stratos: ein Krieger mit Flügeln, ein Vogelmensch
Mer-Man: der Kriegsherr der Meere, Mensch und Reptil zugleich
Tri-Klops: ein Wesen, das nur ein Auge in der Mitte der Stirn hat, aber alles sieht

Mattel setzte mit der Entwicklung von »He-Man and Masters of the Universe« allerdings keinen Schlußpunkt, sondern entdeckte eine neue Zielgruppe: kleine Mädchen. Und natürlich war auch gleich ein passendes Produkt auf dem Markt, She-Ra, die »Princess of Power« (Prinzessin der Macht). Auch zu ihr gibt es Spielzeug und eine Zeichentrickserie. Und ähnlich wie bei den Masters-Figuren enthalten die Packungen kleine Comic-Hefte, die vor Okkultismus nur so strotzen.

Die Geschichte besagt, daß She-Ra eigentlich Adora ist, die Zwillingsschwester von Adam, dem He-Man. Als Adora klein war, wurde sie aus dem Schloß auf Eternia entführt und nach Etheria verschleppt, ein Planet, der von dem bösen Hordak beherrscht wurde. Erst Jahre später trafen Adam und Adora sich wieder. Adam erhielt das magische »Schwert des Schutzes«, und während er es erhob, rief Adora: »Für die Ehre Grayskulls, jetzt bin ich She-Ra!« Mitten in Blitz und Donner wurde Adora in She-Ra verwandelt, die mächtigste Frau des Universums. Wenn Adora unter Grayskulls Einfluß steht, wird auch ihr weißes Pferd Spirit in das fliegende Einhorn Swiftwind verwandelt. Auch in dieser Serie finden wir okkulte Praktiken zuhauf. She-Ra ist mit Kowl befreundet, einer eulenähnlichen Kreatur, die allwissend ist und zaubern kann. Kowl kann auch Beschwörungen aussprechen. Die »Stimme des Unbekannten« kennt sowohl die Vergangenheit Etherias als auch die Zukunft.

Shadow Weaver (Schattenweber) ist ebenfalls eine Figur mit okkultem Hintergrund. Er ist ein böser Zauberer, der für Hordak arbeitet. In einer Episode verwandelt sich Shadow Weaver in ein kleines Mädchen, das in Etheria an einem Hexenwettbewerb teilnimmt. Während der Wettbewerb läuft, kommt She-Ra hinzu und möchte auch teilnehmen. Das kleine Mädchen — also Shadow Weaver — stellt She-Ra auf die Probe und schafft es, alle ihre Freunde in einen tiefen Schlaf und She-Ra selbst in die »Sechste Dimension« zu versetzen. Die Zaubersprüche, die das Mädchen dabei verwendet, sind nicht von denen zu unterscheiden, die man in Hexenlehrbüchern findet. Zwei Figuren dieser Serie stellt die Firma Mattel sogar so dar, als würde es sich um einen Engel und um Jesus handeln. Angella wird in den Begleit-Comics als ein »engelhafter Führer mit Flügeln« bezeichnet, Glimmer dagegen als »Führer, der den Weg erleuchtet«. Das klingt sehr nach dem Evangelium, in dem Jesus sagt: »Ich bin der Weg, die Wahrheit und das Leben.« In den Comics werden den Kindern also magische Figuren vorgestellt, die ähnliche Rollen übernehmen wie Jesus oder die Engel.

Für die Kinder sind She-Ra und He-Man allmächtig, gottähnlich. Viele Eltern berichten, daß Kinder in Notsituationen She-Ra und He-Man um »Rettung« anrufen. Erinnern Sie sich noch an den kleinen Jungen, der seine Mutter nach einem »Beinahe-Unfall« beruhigte: »Keine Angst, Mama, He-Man hätte uns schon beschützt.«? Kinder müssen verstehen lernen, daß allein Gott allmächtig ist. Und noch wichtiger ist es, daß Kinder begreifen, daß diese Figuren nur Phantasiegebilde sind. Die Saat der heimtückischen Verführung wird durch Bücher und Serien ausgestreut, und in der kindlichen Vorstellungskraft wächst sie zu einem echten Interesse an den okkulten Dingen heran. Manche Eltern mögen glauben, alles sei harmlos, wenn ihre Kinder sich mit diesen Phantasiefiguren beschäftigen. Was aber werden sie machen, wenn ihr Kind plötzlich wirklich mit okkulten Praktiken beschäftigt ist?

Die bekanntesten Figuren und ihre Bedeutung

He-Man: der mächtigste Mann des Universums
Man-E-Faces: ein heldenhafter Mensch-Monster-Roboter
Zoar: Kampf-Falke; verwandelt sich in Castle Grayskull in die Zauberin Sorceress
Ram Man: eine heldenhafte, menschliche Kampfmaschine
Trap Jaw: böse, bewaffnet, Kämpfer
Tri-Klops: ein böses Wesen, das alles sieht
Skeletor: Herr der Zerstörung, Herrscher der Dämonen
Battle Cat: He-Mans kämpfender Tiger
Castle Grayskull: Festung der Macht und der Zauberei
Geist des Schlosses: sichtbar in einem grauen Schädel
Teela: befehligt die königliche Garde von Castle Grayskull
Zauberschwert: He-Mans beste Waffe
Stratos: Kämpfer mit Flügeln
Delora: die menschliche Frau des Stratos
Man-at-Arms: Waffenmeister
Emarald Staff: verleiht den Vogelmenschen die Fähigkeit zu fliegen
Snake Mountain: dort lebt Skeletor
Haramesh und Orcs: Dämonen
Masken der Macht: wer sie trägt, besitzt unbeschreibliche Kraft, die er zum Guten oder Bösen einsetzen kann
Mer-Man: Kriegsherr der Meere
Beast Man: wüster Barbar
Zodac: Bezwinger des Kosmos

Geheimes Lebenswasser: enthält das Geheimnis des ewigen Lebens
Magic Siphon: ein Gerät, mit dem Skeletor Eternia die Zauberkraft rauben kann
Mists of Sight: Zauberfenster zur Welt
She-Ra: mächtigste Frau des Universums
Bow: She-Ras bester Freund
Double Trouble: schillernder Doppelagent
Frosta: Eiskönigin
Catra: eifersüchtige Schönheit
Castaspella: Zauberin, die hypnotisieren kann
Kowl: die allwissende Eule
Angella: engelhaftes Wesen mit Flügeln
Glimmer: Führer, der den Weg erhellt
Hordak: Anführer der Wilden Horde
Swift Wind: She-Ras fliegendes Einhorn
Stimme des Unbekannten: die Stimme der Vergangenheit und Zukunft Etherias
Schwert des Schutzes: durch dieses Schwert erhält She-Ra ihre Kraft
Light Hope: She-Ras mächtiger Freund, der am Rand eines Zauberbeckens im Schloß wohnt
Shadow Weaver: ein böser Zauberer
Madame Razz: 200 Jahre alte Zauberin

10

Die Verrohung unserer Kinder

Spielsachen und Spiele, die Gewalt und okkulte Praktiken verherrlichen, gewinnen immer mehr an Popularität. Bereits im Jahr 1985 rangierte Kriegsspielzeug in der amerikanischen Verkaufsstatistik ganz oben. Und die beliebteste Zeichentrickserie in jenem Jahr war auch gleichzeitig die mit den meisten Gewalttaten.

Seit 1982 hat der Verkauf von Kriegsspielzeug um 350 Prozent zugenommen und erreicht heute eine Umsatzgröße von 842 Millionen Dollar pro Jahr. »Transformers«, eine Serie mit futuristischen Kampf-Robotern, bringt es tatsächlich auf über 80 gewalttätige Handlungen pro Sendung und ist damit das aggressivste Fernsehprogramm überhaupt. Andere Kinderserien — allen voran »Masters of the Universe« — sind auch nicht viel besser . . . Eine Untersuchung hat gezeigt, daß jedes amerikanische Kind im Jahre 1985 durchschnittlich 800 Comic-Werbefilme für Kriegsspielzeug gesehen hat. Kinder werden mit Gewalttaten »bombardiert«, und zwar auf eine Weise, die Gewalt als lustig und harmlos erscheinen läßt. Wen wundert es da, wenn diese Aggressionen ihren Niederschlag im kindlichen Verhalten finden! Wollen wir unseren Kindern den Eindruck vermitteln, daß Mord und Totschlag ein normaler Teil des täglichen Lebens sind? Da Kinder Fernsehen mit Realität gleichsetzen, kann bei ihnen leicht der Eindruck entstehen, daß »gute Kerle im Kampf nie verletzt werden«. Sollen sie lernen, daß Aggression ein akzeptabler Weg ist, um Konflikte auszutragen? Diese Fragen sind nicht weit hergeholt, denn viele Kinder wachsen bereits in diesem Klima auf.

Viele Eltern glauben, ihre Kinder sollten die Möglichkeit haben, sich »auch den bösen Wind der Welt um die Ohren wehen zu lassen«, also mit gewaltverherrlichendem Spielzeug und okkulten Filmen umzugehen, um die »Realität kennenzulernen«. Auch Gruppenzwang spielt hier eine wichtige Rolle, denn Eltern wollen ihren Kindern nichts vorenthalten, was andere besitzen. Natürlich ist die Welt voll Gewalt, Mord, Satanischem und Okkultismus, aber Christen sollten ihre Kinder nicht unnötig diesem Auswuchs des Ungöttlichen aussetzen. Kinder werden in ihrem Leben früh genug Gewalt kennenlernen. Sollten wir deshalb der Aggression und dem Okkultismus Tür und Tor öffnen und sie zum Spielerlebnis unserer Kinder machen? Christus sagt uns in Johannes 15,19, daß wir zwar in der Welt leben, aber nicht von der Welt sind. Wir werden auch davor gewarnt, uns mit Ungläubigen zu »verbrüdern«. In 2. Korinther 6,14.16.17 schreibt Paulus: »Ziehet nicht am fremden Joch mit den Ungläubigen. Denn was hat die Gerechtigkeit zu schaffen mit der Ungerechtigkeit? Was hat das Licht für Gemeinschaft mit der Finsternis? Was hat der Tempel Gottes für Gleichheit mit den Götzen? Ihr aber seid der Tempel des lebendigen Gottes; wie denn Gott spricht: Ich will unter ihnen wohnen und unter ihnen wandeln und will ihr Gott sein, und sie sollen mein Volk sein. Darum gehet aus von ihnen und sondert euch ab, spricht der Herr, und rühret kein Unreines an, so will ich euch annehmen.«

Dieses Prinzip kann auch auf das Spielzeug angewendet werden, mit dem sich unsere Kinder beschäftigen. Kinder christlicher Eltern sollten mit Spielzeug, das okkulte Philosophien vertritt und damit Satan und seinen Kampf gegen die Kirche unterstützt, nichts zu tun haben. In Matthäus 6,24 heißt es: »Niemand kann zwei Herren dienen. Entweder wird er den einen hassen und den anderen lieben; oder er wird dem einen anhangen und den anderen verachten. Ihr könnt nicht Gott dienen und dem Mammon.« Wenn wir unsere Kinder ermutigen, sich mit gewaltverherrlichendem und okkultem Spielzeug zu beschäftigen, dann dienen wir dem Teufel — und wollen doch vielmehr Gott dienen! In Matthäus 12,25 warnt Jesus vor den Gefahren, die entstehen, wenn man zwei Herren dienen will: »Ein jegliches Reich, so es mit sich selbst uneins wird, das wird wüst; und eine jegliche Stadt oder Haus, so es mit sich selbst uneins wird, kann nicht bestehen.«

Jedes Spielzeug, das mit Okkultismus oder Gewalt in Verbindung gebracht werden kann, sollte aus christlichen Familien verbannt werden. Dieses Spielzeug ermöglicht Kindern die Einübung von Verhaltensweisen, die sie am Bildschirm beobachtet haben. Damit wächst die Wahrscheinlichkeit, daß sie dieses Verhalten in ihr Denkmuster und später in ihr alltägliches Leben übernehmen.

In einem »offenen Brief an die Eltern« äußerte sich die bekannte Psychologin Dr. Joyce Brothers kürzlich zu dem Problem Kriegsspielzeug: »Es wäre naiv, wenn man glauben würde, Kriegsspielzeug würde Kindern helfen, sich kooperativ, liebevoll und geduldig zu verhalten. Auch zu konstruktiven Problemlösungen trägt dieses Spielzeug nicht bei. Und da es richtigen Waffen oft täuschend ähnlich sieht, bekommen Kinder den Eindruck, daß auch die Erwachsenen ihre Probleme mit Waffen austragen.« Sollen unsere Kinder das lernen? Dr. Brothers führt weiter aus, daß der Zusammenhang zwischen Kriegsspielzeug und kindlichem Fehlverhalten wissenschaftlich belegbar ist und vor allem zu Überaktivität, Treten, Beißen, Stoßen und Brechen vorher vereinbarter Regeln führt. Es handelt sich um die intensivste Verbreitung der Kriegsideologie an eine Generation von Kindern überhaupt, vielleicht abgesehen von der Hitlerzeit in Deutschland.

Trotz all dieser besorgniserregenden Fakten geht es der Spielzeugindustrie immer besser. Wie schon erwähnt, war allein in den letzten vier Jahren eine Umsatzsteigerung von 350 Prozent zu verzeichnen. Manche der »Renner« sind technisches Gewaltspielzeug, andere dagegen sind mit okkulten Ideen überfrachtet. Als »technisches Gewaltspielzeug« bezeichnet man alle Spielarten und Abwandlungen der Roboter. Manche von ihnen haben okkulte Kräfte, um andere Objekte ihrem Willen zu unterwerfen. Diese Fähigkeit bedingt Intelligenz, Entscheidungs- und Handlungsfreiheit. Aber sind diese Charakteristika nicht normalerweise Gott, dem Menschen, Engeln und Dämonen vorbehalten? Zudem sind diese Fähigkeiten von einem Geist umgeben, der das mystische Konzept einer universellen »Lebenskraft«, die wir aus östlichen Religionen kennen, unterstützt. Obwohl nicht alles Techno-Spielzeug mit Okkultismus in Verbindung zu bringen ist, verherrlicht es doch fast immer Gewalt. Das kann Kinder zu der Annahme führen, daß Wissenschaft und Technik die wahren Kräfte des Universums sind. Spielzeug, das menschliche Gewalt propagiert, stellt die rohen, aggressiven Kräfte zur Schau, die andere Menschen besiegen sollen. Die meisten haben dabei nur ein Ziel: zu töten. Zu dieser Gruppe zählen G. I. Joe und andere, meist schwer bewaffnete

Soldaten. Es gibt auch das Spielzeug, das sich nur mit okkulten Themen beschäftigt, z. B. Dungeons and Dragons, Crystlar, Black Star und die Power Lords. Die Figuren dieser Serien können zaubern und besitzen Macht über andere Wesen, insbesondere Dämonen. Die Zaubersprüche, die sie verwenden, stammen aus Lehrbüchern der Hexenkunde.

Spielzeug, das diesen drei Kategorien zuzuordnen ist, muß als äußerst problematisch und besorgniserregend angesehen werden. Es vermittelt Werte, die unsere Kinder nicht lernen und schon gar nicht umsetzen sollten. Woher kommt nun diese Popularität, was macht die Faszination dieses Spielzeugs aus? Kinder — und besonders Jungen — sind ja nicht nur von ihren Plastiksoldaten begeistert, sie sind auch von »Rambo« fasziniert, ein Film mit extremen Gewaltszenen, der für Kinder sicher nicht geeignet ist. Ich hörte kürzlich das Argument, daß diese Filme den neu erwachten amerikanischen Patriotismus unterstützen. Für mich handelt es sich allerdings mehr um Barbarei als um Patriotismus. Die Lehre, die Gewaltfilme vermitteln, ist einfach: Probleme werden mit Gewehr oder Schwert gelöst. Die Darstellung von Krieg in diesen Filmen ist eine völlige Mißdeutung. Krieg — so wird vermittelt — macht Spaß, und ein guter Kerl wird nicht verletzt und verliert auch nicht. Indem Tausende von Gewaltakten gezeigt werden, verlieren Kinder die realistische Einstellung zu Schmerz und Gewalt. Und die Glorifizierung des Krieges bewirkt, daß Kinder ein völlig falsches Bild bekommen — ein Bild, das jeder leicht revidieren könnte, der Krieg bereits erlebt hat. Ein Reporter sagte neulich, die Russen hätten weniger Angst vor den amerikanischen Atomwaffen als vor den Kindern, die in Army-T-Shirts herumliefen. Sie fürchten sich vor dieser neuen Tendenz in Amerika. Vielleicht haben sie auch Angst, weil sie ihre eigenen Kinder zur Gewalt erziehen und daher die Macht verstehen, die darin liegt.

Viele Menschen glauben nicht, daß Kinder auf Gewalt und Krieg so reagieren, wie ich es oben beschrieben habe. Sie glauben auch nicht an den Prozeß der Desensibilisierung, der durch aggressive Handlungen eingeleitet wird. Aber ich höre immer wieder, daß Eltern von der »Barbarisierung« der Jugend berichten und sich Sorgen machen, wie diese Kinder sich wohl verhalten werden, wenn sie erwachsen sind. Versetzen Sie sich einmal in die folgende Situation. Die Namen sind geändert, aber die Geschichte ist wahr. Könnten das nicht auch Ihre Kinder sein?

Samstag vormittag in einem großen Spielwarengeschäft in der Fußgängerzone. Die Mutter ist mit Hans, neun Jahre alt, und Catrin, fünf Jahre alt, unterwegs — »nur so zum Gucken«. Hans läuft gleich zu den Regalen mit Kriegsspielzeug, Catrin dagegen sieht sich bei »Regina Regenbogen« und »Mein kleines Pony« um. Plötzlich entdeckt Hans eine »Rambo«-Figur. »Echt stark«, meint er, während er die große Kampffigur mit der Uzi-Maschinenpistole und der Anti-Panzer-Granate in die Hand nimmt. Mutter und Catrin können sich nicht für Hans' Favoriten begeistern. »Ich werde niemals zulassen, daß du mit diesen Sachen spielst«, sagt Mutter. »Das ist ja schrecklich!« Sie sieht sich in der Abteilung um und stellt fest, daß man mit dem Spielzeug dort einen Miniatur-Weltkrieg gewinnen könnte. »Ich mag diese Sachen«, entgegnet Hans und denkt sich: »Wenn sie mir die Sachen nicht kauft, muß ich halt mein Taschengeld opfern. Ich muß es haben.« Catrin kann sich mehr für die Glücks-Bärchi erwärmen. Hans findet die auch ganz okay, aber das Richtige ist es eben nicht. »Mit Spielzeug muß man richtig Action machen können, sonst ist es doch langweilig«, meint er lakonisch. Als die drei den Laden müde verlassen, kommt Hans noch eine Idee: »Das wäre doch was! Rambo gegen die Glücks-Bärchi!«

Wahrscheinlich denken die meisten Eltern wie die Mutter in der Geschichte. Ist es nicht erschreckend, daß Hans so »verroht« ist, daß er sich eine Kombination von »Rambo« und »Glücks-Bärchi« vorstellen kann? Die Puppen sind doch nun wirklich »niedlich, harmlos und friedlich« — wie kann Hans sie durch Gewalt verändern wollen? Es ist tatsächlich an der Zeit, Alarm zu schlagen, die Eltern sollten sich Sorgen machen.

Im folgenden stelle ich Spielzeug vor, das als »äußerst problematisch« einzustufen ist. Nicht alle diese Produkte sind zur Zeit schon auf dem europäischen Markt, aber eine Einführung ist sehr wahrscheinlich. Andere Spielzeuge, die auch in diese Rubrik fallen — wie z. B. »Masters of the Universe« — sind bereits in diesem Buch behandelt worden.

Crystlar

Die »Sage der Crystlar-Kämpfer« ist so voll von Okkultismus, daß es schon bedrohlich ist. Folgendes steht z. B. auf einer Spielzeugverpackung: »Irgendwo im Universum existiert Crystalium, eine

Welt, in der der Zauber regiert. Nach einem dämonischen Krieg im Kosmos werden die Zwillinge Crystar und Moltar zu Herrschern über Crystalium gekrönt . . .«

Die Brüder müssen sich zwischen Ordnung und Chaos entscheiden — eine Anspielung auf den Zen-Buddhismus. Durch Zauberkräfte werden sie in übermenschliche Wesen verwandelt. Die Kristallkugel, die hier erwähnt wird, findet auch in der Wahrsagerei Verwendung, besonders dann, wenn es um den Kontakt mit Toten geht.

Die Art und Weise, wie in dieser Spielzeugserie mit dem Übernatürlichen umgegangen wird, ist wirklich bedenklich. Der Herr warnt in 5. Mose 18,10-12 davor, daß ihm all dies ein Greuel ist. Und Paulus schreibt an die Galater, daß niemand das Reich Gottes ererben wird, der sich mit Zauberei beschäftigt.

Power Lords

Schon der Name dieser Spielzeugserie (deutsch: Herren der Macht) ist verwunderlich, vermittelt er doch, daß die vorgestellten Figuren über dieselbe Macht wie Gott verfügen. Gott sagt uns aber in seinem Wort, daß er allein Herr ist. Somit ist also die Verwendung des Namens Power Lords reine Blasphemie. Die Figuren selbst zählen zu den grausigsten, die zur Zeit angeboten werden. Sie stellen menschliche Wesen dar, die in Tiere verwandelt wurden. Der Hersteller beschreibt Shaya, die Königin der Macht, wie folgt: »Shaya, die Königin der Macht, kann sich ständig verändern. Wie Adam verfügt sie über kosmische Kräfte. Wenn sie bedroht wird, kann sie sich von einem menschlichen Wesen in ein außerirdisches verwandeln. In dem Moment verströmt sie eine solch starke Hitze, daß ihre Feinde vertrieben werden.« Zu dem Figuren-Set gehört auch Arkus, der böse Diktator, Raygoth, der Narr der Unterwelt und Gapplog, das Untier mit den vier Klauen. Wie Crystlar enthält auch diese Spielzeugserie viele okkulte Bezüge. Die grotesk wirkenden Figuren haben vor allem die Macht, sich beliebig zu verändern. Im 1. Buch Mose sagt Gott jedoch, daß wir nach seinem Ebenbild geschaffen sind.

Garbage Pail Kids (Mülleimer-Kinder)

Eine bekannte amerikanische Kaugummifirma hat als Beilage zu ihren Packungen eine Serie entwickelt, die sie die »Mülleimer-Kinder« nennt. Sie sind nichts anderes als eine satirische Verfremdung der »Cabbage Patch Kids« (Kuschel-Kinder), häßlich und seltsam anzuschauen. Bei den Kindern stoßen sie allerdings auf reges Interesse. In einer New Yorker Grundschule mußten die Karten mit den Bildern der Mülleimer-Kinder verboten werden, weil wegen ständiger »Tauschgeschäfte« kein geregelter Unterricht mehr stattfinden konnte. Die Schüler waren natürlich aufgebracht und verstanden nicht, warum man etwas gegen die »zwar häßlichen, aber doch so goldigen« Bildchen haben könnte.

Der Grund ist aber ganz einfach und einleuchtend: Die Bilder zeigen z. B. Babys, deren Kopf gerade von einer Guillotine abgeschlagen worden ist; oder solche, die Zigaretten rauchen; oder gar ein Baby, dessen Arme und Beine amputiert sind und auf dem Boden herumliegen. Wirklich goldig, nicht wahr? Dann gibt es noch Ray, ein Baby, das sich gerade einen dicken Hamburger in den Mund schiebt. Ray hat allerdings nur zwei Zähne, und die sind schon völlig verrottet.

Auf der Rückseite der Karten steht dann jeweils eine Urkunde, die die Kinder ihren Mitschülern »verleihen« können. Das liest sich dann so:

»Urkunde für den dümmsten Schüler.

Obwohl du der dümmste kleine Blödmann warst, hast du dich selbst übertroffen: jetzt bist du der dümmste große Blödmann. In der sechsten Klasse warst du der beliebteste Schüler — und das fünf Jahre hintereinander! Jede medizinische Fakultät hätte dich gern — allerdings nicht lebend.

Unterzeichnet vom Geschäftsführer der Dummen-Vereinigung Amerikas.«

Ob dieses Spielzeug wohl die Liebe und Freundschaft fördert, von der Jesus in der Bibel so oft spricht? Es ist ein Hohn, dies noch als harmlos zu bezeichnen. Und außerdem ist es auch erschreckend, warum Kinder überhaupt Gefallen an solch groteskem Spielzeug finden können.

Voodoo Reagan-Puppen

Diese Puppen werden mit einer Nadel und einer genauen Anweisung geliefert, wie man den US-Präsidenten verhexen kann. Die Käufer werden ermutigt, die Nadel in die Styropor-Puppe zu stecken und dabei einen Zauberspruch zu sprechen, in dem auch der Name Gottes vorkommt. Die Firma beteuert zwar, daß das Ganze ein Jux sei, aber Gott verbietet in 3. Mose 19,26+31 und 20,6.27 den Gebrauch von Zauberei.

Golden Girl

Die »Golden Girl«-Serie ist die erste Abenteuer/Fantasy-Serie, die speziell für kleine Mädchen entwickelt wurde. Zur Zeit sind 11 Figuren lieferbar, alle mit verschiedenen Kleidern, aber auch mit Waffen und Rüstungen.

Es hat den Anschein, daß sich die Spielzeughersteller nicht darauf beschränken, nur kleine Jungen zu »verrohen«. Auch die Mädchen werden jetzt mit Gewalt und Kampftaktiken bekanntgemacht. Ein Zugeständnis gibt es allerdings: die Waffen können auch als Broschen getragen werden. Vielleicht soll die Gefährlichkeit dieses Spielzeugs verdeckt werden, indem man es als Schmuck bezeichnet.

Bau-dir-eine-Guillotine

In seiner Reihe »Wie was funktioniert« hat ein bekannter Buchverlag jetzt einen Bastelbogen herausgegeben, mit dem man eine Guillotine und ein Katapult bauen kann. Die ersten Ausgaben enthielten dazu eine Pappfigur, mit der man die Wirkung ausprobieren konnte. Zur Zeit wird es jedoch konkreter: »So, jetzt ist alles fertig. Nimm einen kleinen Spielzeugsoldaten, leg ihn auf den Hackklotz und laß das Beil fallen. Jetzt siehst du, wie eine Guillotine funktioniert.«

So ungefährlich, wie es zunächst scheint, ist das gar nicht. Wie leicht könnte ein Kind auf die Idee kommen, das mal »richtig« ausprobieren zu wollen. In Johannes 13,34 sagt Jesus: »Ein neu Gebot gebe ich euch, daß ihr euch untereinander liebet, wie ich euch geliebt habe.« Er befürwortet nicht das Kämpfen, sondern sagt: »Ihr sollt nicht widerstreben dem Übel, sondern, so dir jemand einen Streich gibt auf deinen rechten Backen, dem biete den anderen auch dar.«

Godbox

Eine Firma hat einen Kasten auf den Markt gebracht, der eine direkte Verbindung zu Gott ermöglichen soll. Der Erfinder gibt an, der rund 30 Mark teure Kasten würde die Gebete des Besitzers unmittelbar »zu Gott bringen«. Dem Kasten liegen auch Zeugnisse von Leuten bei, deren Gebete während der Benutzung der Box beantwortet wurden. Es ist allerdings nicht erwiesen, ob nun Gott oder die »Godbox« die Gebetserhörung bewirkten . . .

Dies ist ein offensichtlich gotteslästerliches Spielzeug. Der Erfinder möchte, daß die Kinder an den Kasten glauben und sich gar nicht um einen »direkten Draht« zu Gott bemühen. Gott sagt uns aber, daß wir keinen Vermittler brauchen, wenn wir mit ihm sprechen wollen. Durch Jesus Christus haben wir allezeit Zugang zu ihm.

Diese Spielzeuge sind natürlich bei weitem nicht die einzigen auf dem Markt, die zu tiefer Besorgnis Anlaß geben. Besonders Video- und Computerspiele enthalten Gewaltszenen und Okkultismus. In diesen Spielen nimmt das Kind die Rolle der verschiedensten Charaktere an und sucht nach Schätzen, kämpft, zerstört o. ä. Es ist dabei gar nicht nötig, in die nächste Spielhalle zu gehen, diese Videospiele laufen auf den meisten Heimcomputern. Viele der Spiele sind voll von den Dingen, die die Bibel als »dem Herrn ein Greuel« bezeichnet. Es ist kein Wunder, daß Kinder heute immer aggressiver werden und immer »gewalttätiger« spielen. Der Einfluß durch Zeichentrickserien, Werbefilme und Spielzeuge führt unwillkürlich zu vermehrter Aggression. Es liegt an uns, diese Entwicklung anzuhalten und dem Spielalter die Arglosigkeit der Kindheit zurückzugeben.

11
Die Geistesfalle

Die wundervolle Welt der Phantasie wird heute in einer Weise beeinflußt, die vorher nie als Gefahr angesehen wurde. Immer mehr Menschen aller Altersgruppen verbringen immer mehr Zeit in einer Phantasiewelt, die ihren Blick für die reale Welt trübt. Psychologen warnen davor, daß jemand, der längere Zeit im »Dunstkreis seiner Phantasie« lebt, sehr wohl unter einer »Verwischung« der Grenze zwischen Einbildung und Wirklichkeit leiden kann. Im letzten Jahrzehnt hat sich diese Behauptung als zunehmend richtig erwiesen. Und die treibende Kraft im Hintergrund trug für viele Jugendliche die Namen von Fantasy-Rollenspielen wie »Dungeons and Dragons« (Kerker und Drachen).

In diesem Spiel und eigentlich in allen Fantasy-Spielen, schlüpft jeder Mitspieler in die Identität einer Figur, der er selbst einen Charakter verleiht. Deshalb bezeichnet man diese Spiele auch als Rollenspiele. Wer was spielt, bestimmt der Würfel. Fantasy-Spiele sind eine Weiterentwicklung der Kriegsspiele, die in den fünfziger Jahren populär waren. Hier findet allerdings kein Kampf auf einem historischen Kampfplatz statt, sondern in einer imaginären Welt und somit in den Köpfen der Mitspieler. Bei »Dungeons and Dragons« führt der »Drachenmeister«, ein gottähnliches Wesen, die Spieler in die Welt des Spiels ein. Die Teilnehmer werden zu mittelalterlichen Gestalten, die — je nach Macht und Möglichkeit — die abenteuerlichsten Gefahren zu bestehen haben. »Dungeons and Dragons« und andere Fantasy-Spiele haben allerdings — wie sonst bei Brettspielen üblich — keinen Schluß. Die einzige Begrenzung ist die Vorstellungskraft der Mitspieler. Deshalb kann für die, die eine lebhafte Phantasie haben, ein solches Spiel zu einem fast mystischen Erlebnis werden — zunächst »probiert« man nur, ist dann fasziniert und kann schließlich abhängig werden. Es gibt sogar Berichte von Spielgruppen, die ein und dasselbe Spiel mehrere Jahre lang spielten.

»Dungeons and Dragons« ist für drei oder mehr Spieler ab 10 Jahren konzipiert. Ziel ist es, die Figuren durch ein Geflecht von Höhlen und Kerkern — die natürlich mit Monstern, Zauberern und anderen unliebsamen Überraschungen geradezu gespickt sind — zu einem Schatz zu führen. Jede Figur verfügt über sechs Eigenschaften, die vorher durch den Würfel festgelegt wurden: Kraft, Intelligenz, Weisheit, guten Körperbau, Gewandtheit und persönliche Ausstrahlung. Außerdem verfügt jede Figur über besondere Fähigkeiten, um die unterirdische Reise zu überstehen: magische Waffen, Mixturen, Formeln und Zaubergetränke wie das Heilige Wasser, Knoblauchextrakt und Wolfsgift. Auch »normalere« Waffen wie Dolche, Äxte und Schwerter stehen ihnen zur Verfügung. Jeder Teilnehmer kann so lange mitspielen, bis seine Figur getötet wird — das kann allerdings manchmal Jahre dauern. Je länger das Spiel dauert, um so mehr identifizieren sich die Spieler mit ihrer Figur, und die Grenze zwischen Realität und Phantasie wird immer unklarer. Obwohl Gary Gygax, der Erfinder dieses Spiels, nach wie vor behauptet, das Spiel sei völlig harmlos und lediglich »zum Spaß gemacht«, gibt er doch zu, daß die Begeisterung der Spieler oft zu weit gehen kann: »Wenn du ein Fantasy-Spiel beginnst, nimmt es dich und deine Zeit völlig gefangen. Die meisten können damit umgehen, aber es gibt auch Ausnahmen. Du kannst dich nämlich emotional sehr engagieren. Ich habe selbst in vielen Spielen gemerkt, wie sehr man in allen Kämpfen und Gefahren an seiner Figur hängt und wie weh es einem tut, wenn man sie verliert. Sie werden irgendwie zu einem Teil von dir.«

Auch ist die Geschichte einer Gruppe bekannt geworden, die bis zur Besessenheit von dem Spiel fasziniert war. Dieser Spiel-Club machte seinen Mitgliedern die Auflage, in mittelalterlicher Kleidung — mit Schwertern und Kettenhemd — am Spiel teilzunehmen und ihren Lebensstil den jeweiligen Spielfiguren anzupassen — bis hin zur regelrechten Kriegsführung gegen ihre Nachbarn und Bekannten. Dieser Club steht jedoch nicht als alleiniges Beispiel für die Gefahren des Fantasy-Spiels da. Gygax gibt zu, daß die Konzeption dieser Spiele es verlangt, »mit ganzer Seele dabeizusein, um wirklich gut darin zu sein«. Wenn ein Spieler dann mit seiner ganzen Seele dabei ist, wird er Probleme bekommen, zwischen dem Spiel und der Wirklichkeit zu unterscheiden.

»Phantasien erfüllen — für sich betrachtet — eine wichtige Funktion. Sie erlösen einen Menschen zum Beispiel aus der Langeweile«, meint Dr. Mc Gaugh, ein amerikanischer Psychologe. »Aber wie bei allem Guten gibt es auch ein Zuviel davon. Wir haben fast alle Begrenzungen überwunden; nur die Grenze in unserem Geist ist noch vorhanden. Somit wird das Herantasten an diese Grenze zu einer echten Herausforderung.«

Dieser Argumentation muß ich allerdings widersprechen:

Aussage: Phantasien erfüllen eine wichtige Funktion, z. B. die Befreiung aus der Langeweile.
Einwand: Je mehr wir uns in unserer Phantasie mit etwas beschäftigen, um so wahrscheinlicher ist, daß wir dieses Wunschziel durch unsere Handlungen zur Wirklichkeit werden lassen. Das kann sowohl gut als auch schlecht sein.
Aussage: Die einzige Grenze, die noch besteht, ist die in unserem Geist.
Einwand: Gott gibt uns Gedanken, und der einzige Weg, unser kreatives Denken auszudehnen, besteht in der Aufnahme und Intensivierung unserer Beziehung zu Gott.

»Dungeons and Dragons« wurde 1974 entwickelt und war zunächst besonders bei Studenten beliebt. Für sie war es offensichtlich ein angenehmer Ausgleich zum Lernalltag. Als das Spiel bekannter wurde, interessierten sich sehr bald nicht nur die Schulabgänger, sondern gerade auch jüngere Schüler dafür. Heute wird in Amerika an vielen Realschulen ein »Dungeons and Dragons«-Kurs für besonders »begabte« Kinder angeboten, der dann auch benotet wird. Einige Schulen haben den Kurs nach Elternprotesten wieder eingestellt, aber die Popularität des Spiels bei Schülern höherer Klassen ist nach wie vor ungebrochen. Ein Sprecher der Firma, die »Dungeons and Dragons« herstellt, berichtet, daß es im Jahr 1983 in den USA etwa 3 bis 4 Millionen Menschen gab, die sich mit diesem Spiel beschäftigten. Auch in England und Frankreich hat das Spiel eine große Anhängerschaft. Es ist heute neben »Monopoly« wahrscheinlich das bekannteste Brettspiel überhaupt, obwohl diese Spielart immer noch nicht den Verbreitungsgrad elektronischer

Spiele erreicht hat. Der Unterschied zu anderen Spielen ist, daß es »Dungeons and Dragons«-Spieler gibt, die jeglichen Bezug zur Realität verloren haben. Diese Menschen verbringen jede nur mögliche Stunde des Tages mit der Schatzsuche, immer auf der Hut vor Drachen und Zauberern. Aber auch der »normale Spieler« opfert manche Abende mit bis zu sechs Stunden Spieldauer für sein Hobby. Aufgrund der geradezu beängstigenden Beliebtheit dieses Spiels haben sowohl Christen wie auch Nichtchristen ihre Bedenken angemeldet und auf die gefährlichen Auswirkungen hingewiesen, die es für die Jugend haben kann. Einer ihrer Sprecher formuliert es so: ». . . nachdem ich mich einige Jahre wissenschaftlich mit dem Thema auseinandergesetzt habe, kann ich mit Bestimmtheit sagen: diese Spiele sind die effektivste, bestverpackteste und -vermarktete Einführung in den Okkultismus seit Beginn der menschlichen Geschichtsschreibung.«

Andere dagegen sind überzeugt, Fantasy-Rollenspiele seien harmlos und nur zur Unterhaltung gedacht. »Christian Life Ministries«, eine christliche Lebensberatung, macht dagegen darauf aufmerksam, daß Eltern, die ihren Kindern diese Spiele erlauben, dem Okkultismus und der psychischen Beeinflussung Tür und Tor öffnen. »Dungeons and Dragons« ist nicht in die Kategorie »Spiele« einzuordnen, sondern als Lehrbuch der Dämonologie, der Zauberei, des Voodoo-Kults, des Raubes und Mordes, der Gotteslästerung, des Selbstmords, der sexuellen Perversion einschließlich Homosexualität und Prostitution, der Satansanbetung und des Sadismus zu bezeichnen. Und genau diese Praktiken hat Gott sowohl im Alten wie auch im Neuen Testament verboten:

«Wenn du in das Land kommst, das dir der Herr, dein Gott, geben wird, so sollst du nicht lernen tun die Greuel dieser Völker. Daß nicht jemand unter dir gefunden werde, der seinen Sohn oder seine Tochter durchs Feuer gehen lasse, oder ein Weissager oder ein Tagewähler, oder der auf Vogelgeschrei achte, oder ein Zauberer, oder Beschwörer oder Wahrsager oder Zeichendeuter, oder der die Toten frage. Denn wer solches tut, der ist dem Herrn ein Greuel, und um solcher Greuel willen vertreibt sie der Herr, dein Gott, vor dir her« (5. Mose 18,9-12). Es gibt noch viele andere Bibelstellen, die sich auf Dinge beziehen, die auch in »Dungeons and Dragons« vorkommen, z. B.: 2. Mose 20,3-6 und 22,18 und 23,13; Jesaja 8,19-20 und 47,9-13; 1. Korinther 10,14.20-22; Offenbarung 22,14-15. Auch Galater 5,19-21 nennt Praktiken, die in Fantasy-Rollenspielen vorkommen:

»Offenbar sind aber die Werke des Fleisches, als da sind Ehebruch, Hurerei, Unreinheit, Unzucht, Abgötterei, Zauberei, Feindschaft, Hader, Neid, Zorn, Zank, Zwietracht, Rotten, Haß, Mord, Saufen, Fressen und dergleichen, von welchen ich euch habe zuvor gesagt und sage noch zuvor, daß, die solches tun, werden das Reich Gottes nicht erben.«

Obwohl »Dungeons and Dragons« an sich keine Religion vermitteln will, werden doch religiöse Prinzipien gelehrt und die Spieler mit okkult-religiösen Praktiken bekanntgemacht. Vor einigen Jahren kam das Spiel »unter Beschuß«, weil es »anti-religiös und voll mit Bildern und Symbolen ist, die man normalerweise in einem Hexen-Handbuch findet«. Gygax, der Erfinder des Spiels, war jedoch schnell zur Verteidigung seiner Dämonen bereit: »Das Spiel ist weder gut noch schlecht. Es macht ganz einfach nur Spaß, und einige Schüler können dadurch wirklich etwas lernen. Und die Zaubersprüche habe ich mir sowieso alle selbst ausgedacht. Wie kann man sowas denn ernst nehmen!« Gygax bestreitet also, daß sein Spiel okkult sei. Und tatsächlich, wenn man es genau betrachtet, findet man viele christliche Begriffe darin, z. B. Buße, Gottheit, Glaube, Fasten, Auferstehung, Gott, Gebet. Aber sie werden in den Handbüchern und Erklärungen alle blasphemisch gebraucht! Wenn wir im Lexikon die Bedeutung des Wortes »Blasphemie« nachschlagen, finden wir folgende Erklärung: »frevelhafte Äußerung oder Handlung, die Gott oder heilige Dinge betrifft; das Verbrechen, sich selbst Rechte oder Fähigkeiten anzumaßen, die allein Gott zustehen; und das unehrerbietige Verhalten allem Heiligen gegenüber.«

Hier sind einige Beispiele für Blasphemie, entnommen den über zwanzig Handbüchern zum Spiel »Dungeons and Dragons«:

Über Gottheiten und Götter

»Durch dieses Spiel werden Ihre Träume wahr. Dies ist eine Welt, in der Monster, Drachen, Gut und Böse, Hohepriester und schreckliche Dämonen — und sogar die Götter selbst versuchen werden, von Ihrer Figur Besitz zu ergreifen.«

An anderer Stelle werden die Götter als »Gottheit« bezeichnet:

»Erfahrene Spieler wissen . . . daß Zaubersprüche durch die jeweilige Gottheit verliehen werden.«

»Jeder Geistliche muß seine eigene Gottheit haben.«

»Die Gottheit (der Drachenmeister) wird alle Übertretungen bestrafen . . .«

»Einer Gottheit zu dienen, ist ein wichtiger Teil des Spiels, und alle Figuren sollten einen Schutzpatron haben . . .«

Über Gebet und Fasten
»Die Zaubersprüche . . . werden durch die Götzen verliehen, also muß der Geistliche einige Stunden dafür beten . . .«

»Wer wirksame Zaubersprüche (die des dritten bis fünften Grades) möchte, wird von den Engeln oder Halbgöttern aufgefordert werden, zwei bis acht Tage mit Gebet und Fasten zu verbringen; eine Zeit, in der auch alle Übertretungen bekannt und alle notwendigen Opfer gebracht werden müssen. Die Aufhebung eines Fluches . . . wird in etwa dieselbe Zeit des Betens und Fastens in Anspruch nehmen . . .«

Über Zauberei und Zaubersprüche
»Schwerter und Zauberei machen im Grunde dieses Spiel aus . . . es entfesselt den Geist so, daß es schon fast Wirklichkeit ist.«

»Wer die Zauberformel spricht, sollte auf die Gegenformel hinweisen, die den Spruch lösen kann.« Es gibt drei Bilder, die dazu verwendet werden: ein magischer Kreis, ein Pentagramm und ein magischer Triangel. Experten sagen, daß diese Symbole hauptsächlich bei Hexerei und bei der Satansanbetung Verwendung finden.

Über Geistliche
»Eine weitere wichtige Eigenschaft des Geistlichen ist seine Fähigkeit, die weniger mächtigen Dämonen und Teufel zu befehligen.«

Über den Tod
»Auferstehung« wird bezeichnet als »Auferweckung einer Figur nach ihrem Tod, und zwar durch Zauberkräfte.«

Über Satanismus
»Elric« (Held) — ein Zeichen, das mit der erhobenen linken Hand gegeben wird, auch Ziegenkopfgruß genannt, bedeutet »Satan ist Herr«.

Das Wort »Dämon« kommt allein auf den Seiten 16—19 des »Monster-Handbuchs« 106mal vor. Und in einem anderen Handbuch wird dem Spieler erklärt, er solle vier dieser Dämonen als »Untergöttern« vertrauen. Das Wort »Teufel« kommt 94mal und das Wort »Hölle« 25mal auf nur drei Seiten eines Handbuchs vor.

Über Befleckung

Im folgenden Auszug aus dem Spieler-Handbuch werden unheilig und heilig, gesegnet und verflucht als ebenbürtig behandelt.

»Befleckung des Taufsteins: Wenn ein Ungläubiger einen heiligen/unheiligen Taufstein segnet/verflucht oder ihn durch Abfall verunreinigt, ist das gesamte Becken unbrauchbar geworden. Befleckt werden kann der Taufstein nur durch direkten Kontakt; jeder Segen/Fluch aus der Distanz wird keine Wirkung zeigen.«

Die hier dem Spieler empfohlenen Praktiken sind genau die, die Gott in der Bibel ausdrücklich verboten hat. Und trotzdem gibt es noch Menschen, die sagen: »Ich bin Christ und spiele auch ›Dungeons and Dragons‹.« Andere gehen davon aus, daß dies ja nur ein Fantasy-Spiel ist, und daß sie solche Handlungen im richtigen Leben nie vollziehen würden. Im Neuen Testament lehrt Jesus uns, daß Gedanken sehr wohl vom Bösen sein können: »Aber ich sage euch, wer eine Frau ansieht und begehret ihrer, der hat schon mit ihr die Ehe gebrochen in seinem Herzen« (Matthäus 5,28). Mit diesem Vers stellt Jesus klar, daß Sünde bereits in Herz und Sinn entstehen kann, auch wenn die Tat selbst nie ausgeführt wird. Daraus können wir schlußfolgern, daß auch die gedankliche Beschäftigung mit okkulten Dingen Sünde ist, auch wenn es nie zu Handlungen kommt.

Aufgrund der besonderen Natur des Okkulten sehen manche Menschen nicht die Tatsache, daß »Dungeons and Dragons« tatsächlich vor okkultem Hintergrund agiert und das Interesse an diesen Phänomenen weckt und nährt. Ein früherer »Drachenmeister«, der heute bei der vorhin erwähnten »Family Life Mission« mitarbeitet, erzählt: »Ich habe mich drei Jahre mit dem Spiel beschäftigt, ohne die Gefahren zu erkennen. Schließlich begann ich mich für Tarock-Karten zu interessieren, merkte aber immer noch nicht, daß ich schon im Okkultismus gefangen war. So kommt es, daß ich nichts gegen die Spieler habe, jedoch ganz bestimmt etwas gegen das Spiel.« Aber der okkulte Hintergrund ist nicht der einzige Grund der Besorgnis, die Christen äußern. Die enorme Zeitverschwendung und das Problem der Über-Identifizierung mit den Figuren sind zwei weitere nennenswerte Gefahren.

Ganz anders als »Monopoly« und ähnliche Brettspiele wird »Dungeons and Dragons« zur treibenden und bestimmenden Kraft im Leben der Spieler. Es verlangt von jedem Teilnehmer, philosophische, religiöse und moralische Entscheidungen zu treffen. Je tiefer ein Spieler in die Materie eindringt, je länger wird er in der Phantasie-Welt verweilen. Um so schwerer wird es für ihn dann, seine Verantwortung in der realen Welt wahrzunehmen. Wir müssen einfach die Gefahren erkennen, die dadurch entstehen, daß unsere Kinder sich zuviel mit diesem Spiel beschäftigen. Die Heilige Schrift ermahnt uns deshalb: » . . . so sehet nun zu, wie ihr vorsichtig wandelt, nicht als die Unweisen, sondern als die Weisen. Und kaufet die Zeit aus, denn es ist böse Zeit« (Epheser 5,15-16).

Schließlich sollten wir noch die Gefahren betrachten, die durch Fantasy-Rollenspiele an sich entstehen. Es ist richtig, daß Phantasie für die kindliche Entwicklung hilfreich ist — aber nur solange sie nicht das kindliche Denken verdirbt. Wir erinnern uns, daß die vermittelten Ideen nicht sofort eine Reaktion hervorrufen. Nein, der Veränderungsprozeß kann Jahre dauern und langsam voranschreiten. Und genau das ist die Gefahr der »heimtückischen Verführung«. Fantasy-Rollenspiele sind eine »wohlschmeckende« Form des Psycho-Dramas, das auf die humanistische Idee des Sensitivity Trainings und der Werte-Modifikation zurückzuführen ist. Tatsächlich ist diese Art des Rollenspiels der erste Schritt in die Psychotherapie, die das zerstören kann, was die Humanisten das »Gottes-Syndrom« nennen, den Glauben an Gott. Und hier schließt sich der Kreis: Fantasy-Rollenspiele als erster Schritt der Loslösung des Kindes von der religiösen Unterweisung in Familie und Kirche.

Psychodramatische Techniken — die Vorläufer des Rollenspiels — wurden von einem Zeitgenossen Sigmund Freuds vorgestellt, Dr. Jacob L. Moreno. Zu Beginn des 19. Jahrhunderts wollte er eine »positive Religion« entwickeln. In seinem 1932 erschienenen Buch »Wer überleben wird« geht er dann auch davon aus, daß »durch Rollenspiel das Gottes-Syndrom vernichtet werden wird«. Moreno schreibt: »Wer eine Rolle entwickelt und es lernt, sie durch den Willen zu kontrollieren, der wird auch lernen, sich nicht von ihr einnehmen zu lassen. Der einzige Weg zur Überwindung des Gottes-Syndroms ist also, es auszuspielen.« Diese »positive Religion« Morenos ist nichts weiter als ein Teil des Humanismus — eines Denkschemas, das dem Menschen alle Macht zugesteht. Genau dieser Glaube liegt auch »Dungeons and Dragons« zugrunde. Im Geist der Spieler entstehen Figuren, die allmächtig und imstande sind, Dämonen und andere Monster zu kontrollieren.

Wenn die Lasten des Lebens zu schwer werden, müssen wir nicht in eine Phantasiewelt flüchten, denn Jesus hat bereits einen

Ausweg geschaffen: »Und ob ich schon wanderte im finstern Tal, fürchte ich kein Unglück; denn du bist bei mir, dein Stecken und Stab trösten mich. Du bereitest vor mir einen Tisch im Angesicht meiner Feinde, du salbest mein Haupt mit Öl und schenkest mir voll ein. Gutes und Barmherzigkeit werden mir folgen mein Leben lang, und ich werde bleiben im Hause des Herrn immerdar« (Psalm 23,4-6).

12

Von der Leinwand in die Spielzeugkiste

Die Spielzeugindustrie hat schnell erkannt, daß das wirklich »große Geld« nur zu machen ist, wenn man ein neues Produkt entweder mit einer Fernsehserie koppelt oder aber an einen Film »anhängt«, der im Kino garantiert zum Kassenschlager wird. In kleinerem Ausmaß war das auch schon früher so, aber an die heutigen Dimensionen war nicht zu denken.

Es begann im Jahre 1977 mit einem Schuß in ferne Welten — mit der Uraufführung des Filmes »Star Wars — Krieg der Sterne« von George Lucas. Bis heute hat das Geschäft mit »Star Wars«-Produkten — nach vorsichtigen Schätzungen — einen Weltumsatz von fast drei Milliarden Dollar erbracht. Und seitdem werden uns alle möglichen — und unmöglichen — Arten von Außerirdischem filmisch »vorgestellt«. Aus der »Krieg der Sterne«-Trilogie kennen wir inzwischen die »Droiden«, die Roboter R2-D2 und C-3PO, Stars einer Zeichentrickserie. Auch die »Ewoks« — kleine Bären — wurden Stars einer Filmserie. »Yoda«, der Zen-Meister, und »Darth Vader«, der Meister des Bösen mit den menschlichen Zügen, sind weitere Figuren der »Star Wars«-Serie. Stephen Spielberg steht dem mit dem Fötus-Wesen »E.T.« und den »Gremlins« nicht viel nach. Der 1984 produzierte Film »Ghostbusters« hat dagegen keine außerirdischen Wesen, sondern Geister als Hauptdarsteller. Der Film handelt von drei Männern, die ihren Lebensunterhalt damit bestreiten, Geister zu eliminieren.

Ganz gleich, ob es sich nun um Außerirdische oder Geister

handelt, die Kinobesucher rund um den Globus haben diese Wesen ins Herz geschlossen. Allein in Amerika wurden den Spielwaren, die aus diesen Leinwandfiguren entwickelt wurden, mehrere hundert Millionen Dollar »geopfert«.

Diese eigenartig anmutenden Kreaturen wurden für Kinobesucher inzwischen zu »Klassikern«. Die Spielzeugfirmen haben diese innige Beziehung natürlich kräftig verwertet und Lizenzen an alle nur denkbaren Branchen verkauft: Accessoires, Nahrungsmittel, Heimtextilien, Haushaltswaren, Verlags- und Musikfirmen, Briefpapier und Geschenke, Spielsachen und Kinderartikel. Dieses »Netzwerk« macht es möglich, daß ein Kind sein Lieblingsmonster auf seinem Schlafanzug trägt, und morgens auf ein Milchglas schaut, das das gleiche Bild trägt. Seit der Premiere im Jahre 1977 wurden die Produkte, die im Zusammenhang mit dem »Krieg der Sterne«-Film standen, zum wesentlichen Umsatzträger der Kenner-Spielzeugfabrik. »Niemand hat erwartet, daß der Erfolg dieser Serie so lang andauern würde«, sagt der Kenner-Marketingdirektor. »So etwas ist in der Spielzeugindustrie ganz ungewöhnlich.« Natürlich tut die Spielzeugfirma auch ihren Teil, um das Interesse wachzuhalten. In den jeden Samstag vormittag in Amerika gesendeten »Ewoks«-Kinderfilm werden Werbespots für neue Spielfiguren eingeblendet. »Es ist eine Herausforderung, einen Verkaufserfolg exakt vorzuplanen. Außerdem wird das Spielerleben der Kinder durch diese Kombination vertieft«, meint der Marketing-Profi. Und so entstehen nicht nur neue Action-Figuren, sondern auch Plüschtiere, Fahrzeuge, Spiele-Sets, Sammlerkästen und anderes Zubehör.

Spielzeugfirmen verlassen sich bei der Neueinführung eines Produkts nicht nur auf Fernsehsendungen, sondern starten natürlich auch eine umfangreiche Werbekampagne. Kenner plant zum Beispiel z. Z. eine Bonus-Aktion, bei der jeder, der den Kauf von drei Action-Figuren nachweisen kann, einen »Droiden« geschenkt bekommt. Mit solchen Werbeideen werden Kinder geradezu bombardiert. Überall begegnen sie »ihren« Figuren: in Filmen, den Kindersendungen im Fernsehen und in den Spielwarenläden. Ist es da verwunderlich, daß durch den Druck der Gleichaltrigengruppe schließlich jeder dieses Spielzeug besitzen möchte?

Der Sprecher der Lucasfilm Ltd. — der Firma, die »Krieg der Sterne« produzierte — geht allerdings davon aus, daß die enorme Nachfrage nach Produkten, die sich auf diese Trilogie beziehen, letztlich auf die Qualität des Films zurückzuführen ist und nicht auf die massiven Werbekampagnen. Er führt aus: »Es sind die gut gemachten Unterhaltungsprodukte wie Filme, Fernsehshows und Zeichentrickserien, die ein erfolgreiches Lizenzgeschäft erst möglich machen. Die Lizenzabteilung hat nur die Aufgabe, ein Unterhaltungsprodukt zu vermarkten. Natürlich hat sich das in den letzten Jahren zu einem großartigen Geschäft entwickelt, aber unser erstes Ziel bleibt, Filme zu produzieren — Filme für Kinder jeden Alters!«

Was auch immer der Grund sein mag, Spielzeugpräsentationen mit Filmpremieren zu kombinieren, in jedem Fall kommt ein Multi-Millionen-Dollar-Geschäft heraus. Aber die Kritik macht sich ebenfalls bemerkbar: Eltern, Kinderpsychologen, die Kirche und staatliche Institutionen geben ihrer Sorge über diese massive Beeinflussung der Kinder um des Geschäftes willen Ausdruck. Kleine Kinder, die sehr leicht beeinflußbar sind, werden ihre Eltern so lange »nerven«, bis sie das »Lieblingsmonster« kaufen. Viele Eltern aber wollen das nicht, und das aus verschiedenen Gründen; moralische Bedenken spielen hier eine Rolle oder auch das Wissen, daß bestimmte Spielsachen für ihr Kind einfach nicht geeignet sind. Trotzdem geben die meisten Eltern nach, und das Kind ist glücklich — es hat ja jetzt das Spielzeug. Die Eltern aber fühlen sich nicht wohl in ihrer Haut, wenn sie über die negativen Aspekte nachdenken . . . »Welche negativen Aspekte? Das sind doch nur Science-fiction-Filme, reine Phantasie und völlig harmlos!« Aber wenn Sie so über diese »harmlosen« Filme denken, die ich erwähnt habe, verkennen Sie den okkulten Kern unter der »niedlichen« Schale. Und was für die Filme gilt, hat auch für das daraus entwickelte Spielzeug seine Richtigkeit: es ist zu gefährlich, als daß Eltern ihre Kinder damit spielen lassen sollten.

Kinder sind eine besondere Gabe Gottes, die in Ehren gehalten werden soll: »Siehe, Kinder sind eine Gabe des Herrn, und Leibesfrucht ist ein Geschenk« (Psalm 127,3). In 5. Mose 6,4-7 finden Eltern diese Anweisungen Gottes:

«Höre, Israel, der Herr, unser Gott, ist ein einiger Herr. Und du sollst den Herrn, deinen Gott, liebhaben von ganzem Herzen, von ganzer Seele, von allem Vermögen. Und diese Worte, die ich dir heute gebiete, sollst du zu Herzen nehmen und sollst sie deinen Kindern einschärfen und davon reden, wenn du in deinem Hause sitzest oder auf dem Wege gehst, wenn du dich niederlegst oder aufstehst.«

Ich sagte bereits, daß Eltern kontrollieren sollten, welche Filme oder Fernsehsendungen ihre Kinder sehen. Ich gehe aber noch weiter und behaupte, daß Eltern auch dann noch viele Gefahren übersehen, wenn sie nur die Filme verbieten, die Gewalt oder Sex verherrlichen. Wie verhält es sich denn mit den Sendungen, die als »gute Familien-Unterhaltung« angepriesen werden? Stellen Sie sich einmal folgende Filmszene vor: ein Mann und eine Frau werden von einem Schneepflug niedergewalzt, sind also Opfer einer vorsätzlichen kriminellen Handlung geworden. Normalerweise würde diese Szene als »besonders gewalttätig« und damit als für Kinder ungeeignet eingestuft werden. Als die Szene aber tatsächlich auf der Leinwand erschien, lachten alle Zuschauer herzhaft. Warum? Waren die Zuschauer alle Sadisten? Nein, aber es waren die »Gremlins«, die das Paar niederwalzten. Der gesamte »Gremlin«-Film ist voll von solchen Gewalttätigkeiten, voll von Mord, Rebellion und Ungesetzlichkeit. Warum aber wurde der Film als humorvoll und für Kinder geeignet eingestuft? Weil das schockierende, böse Verhalten dieser kleinen Kobolde mit dem Mäntelchen des Humors verkleidet wurde. Damit wird das Böse, Ungöttliche akzeptabel und gesellschaftsfähig.

Genau diese Feinheiten sind es, auf die Eltern achten sollten. Sie sollten sich nicht durch das »niedliche« Äußere der kleinen Außerirdischen blenden lassen, sondern die negativen und aggressiven Hintergründe erkennen. Kinder müssen lernen, daß diese Wesen nicht dem entsprechen, was das Wort Gottes lehrt. Wir haben schon von der »heimtückischen Verführung« gesprochen, die sich hier fortsetzt: kaum merklich sät Satan in die kindlichen Herzen das Interesse an okkulten Dingen. Wenn die Kinder größer werden, wächst auch ihre Neugierde, bis schließlich Faszination und Besessenheit das Ergebnis sind. Wie sehr bewahrheitet sich hier das Wort Gottes: »Wie man einen Knaben gewöhnt, so läßt er nicht davon, wenn er alt wird« (Sprüche 22,6). Ich werde oft von Eltern gefragt: »Wie kann ich wissen, daß ein Film frei von okkultem Symbolismus ist, selbst wenn er für Kinder freigegeben wurde?« Leider ist diese Frage im Grunde erst zu beantworten, wenn man den Film selbst gesehen hat. Die Beurteilung wird auch dadurch erschwert, daß selbst die »Kinderfilme« in letzter Zeit zunehmend gewalttätiger und »dunkler« werden. Somit ist die Frage von Eltern und Erziehern berechtigt, was Kinder denn eigentlich sehen, wenn sie ins Kino gehen. Zu den Filmen, die ich als problematisch einstufen würde, gehören u. a.:

Indiana Jones und der Tempel des Todes /
Gewalt und Kindersklaverei
Gremlins / humorvoll verpackte Grausamkeiten
Star Trek III / Tötungsszenen
Firestarter / explosive Gewalt
Die Rückkehr der Jedi-Ritter / Hektik und Brutalität
Die unendliche Geschichte / außerirdische Kreaturen

Jim Henson, der Erfinder der bekannten »Muppets«, sagt: »Die Fantasy-Filme werden immer ›dunkler‹. Es gibt einige Filme mit derart erdrückenden Szenen, die vor zwei oder drei Jahren noch nicht denkbar gewesen wären.« Es ist aber nicht nur die offensichtliche Gewalt, die die Kritiker auf den Plan ruft. Bruno Bettelheim, ein bekannter Kinderpsychologe, schreibt: »Diese neuen Filme — wie z. B. ›Krieg der Sterne‹ — sind in hohem Maße beeinflussend. Mit atemberaubender Schnelligkeit und geschicktem Schnitt wird ein Effekt erreicht, der kleine Kinder überrumpelt.« Nun standen Kinderfilme und Kinderbücher immer schon im Kreuzfeuer der Experten. Selbst Märchenfilme oder auch bekannte Disney-Filme — »Schneewittchen« und »Dumbo« zum Beispiel — enthalten schließlich angsteinflößende Passagen. Der Unterschied zu modernen Filmen liegt also nicht im Inhalt, sondern in der Art und Weise, wie die Geschichte erzählt wird. »In den Walt-Disney-Filmen wurde ein Weltbild vermittelt, in dem es moralische Werte gab. Und es lag eine Lieblichkeit in der Erzählweise, die sich von dem heutigen Realismus eines Indiana Jones erheblich unterscheidet«, schreibt der Medienexperte Neil Postman in seinem Buch »Das Verschwinden der Kindheit«.

Wann trat dieser Wandel ein? Es gab eine Zeit, in der sehr viele Familienfilme ohne Altersbeschränkung produziert wurden, heute dagegen sind sie kaum noch zu finden. Denken Filmemacher, es gäbe keinen Markt für Geschichten, die von Güte und Freundlichkeit handeln, und die doch so wichtig wären für die kleinen Zuschauer? Experten sind der Meinung, daß der Wandel mit dem Kino-Hit »Der weiße Hai« vor einigen Jahren einsetzte. Damals merkten die Produzenten, daß sie nicht nur für Eltern oder nur für Kinder zu produzieren brauchen, sondern daß es möglich ist, beide Zielgruppen gleichzeitig zu erreichen. »Das ältere Kinopublikum ist enttäuscht, wenn es einen Film vorgesetzt bekommt, der nur für Kinder gemacht wurde«, meint Jim Henson. »Also haben die Produzenten auch berücksichtigt, was den Erwachsenen gefällt. Und wenn in einem Indiana-Jones-Film jemandem das Herz ›rausgerissen‹ wird, dann weißt du, daß du nicht in einem Kinderfilm sitzt.« Auch Postman bestätigt, daß die Kinderfilme düsterer geworden sind, seitdem man versucht, ältere und jüngere Zuschauer gleichzeitig zu erreichen: »In dem Streben nach immer mehr Zuschauern haben die Filmemacher die Grenze der Brutalität und des Terrors in ihren Filmen überschritten.«

Ein Resultat dieses Wandels ist auch die Veränderung der Hauptfiguren. Heutzutage sind Geister und Außerirdische die Akteure, die die Herzen der Kinobesucher weltweit erobern. Es ist alles ganz harmlos — bis man erkennt, daß diese Filme okkult besetzt sind und die »ach so beliebten« Hauptfiguren in Wahrheit Lehren verbreiten, die im Gegensatz zu Gottes Wort stehen. Aus diesem Grund habe ich mich auch entschlossen, ein Kapitel dieses Buches den Spielsachen zu widmen, die im Zusammenhang mit »Kino-Hits« entstanden sind, die unglaublich weite Verbreitung fanden. Einer der erfolgreichsten Filme aller Zeiten z. B. ist »Rambo«, ein extrem gewaltverherrlichender Film, der die Massen faszinierte. Ich las in einer Statistik, daß jede vierte im Jahre 1986 verkaufte Kinokarte einen Film betrifft, der entweder von Stephen Spielberg produziert wurde oder in dem Sylvester Stallone — der »Rambo«-Hauptdarsteller — mitspielt. Diese wachsende Popularität von Filmen macht es notwendig, daß wir uns der Auswirkungen der Filme — insbesondere im Zusammenhang mit Spielzeug — auf Kinder bewußt werden.

Die Leinwand

Die Filme, die heutzutage das große Geld einspielen, haben oft die Manifestation des Reiches der Finsternis zum Thema. Es begann mit »Rosemaries Baby«, »Der Exorzist«, »Das Omen« und »Poltergeist«. Dann folgten einige Filme, die speziell für Kinder entwickelt wurden: »Krieg der Sterne« als Trilogie, »E.T.«, »Ghostbusters« und »Gremlins«. Durch die Bombardierung mit diesen Filmen ist bei vielen das Gefühl dafür, was böse ist, verlorengegangen. Der Einfluß ist aber nicht auf die Leinwand beschränkt, sondern setzt sich auf dem Fernseh-Bildschirm fort. Serien, die übernatürliche Mächte propagieren, werden populär, und Hellseher und Magiere sind gerngesehene Talkshow-Gäste.

Obwohl Gott diese Praktiken verboten hat und der anti-christliche Inhalt offensichtlich ist, »fliegt« die westliche Welt geradezu auf diese Filme. Dadurch gelingt Satan der Zutritt in unsere Herzen und Gedanken. Satan lehrt unsere Jugendlichen, daß es Dämonen gibt, die niedlich, freundlich und hilfsbereit sind. So wählen sich schon die Kleinsten Dämonen als Begleiter und werden zu willenlosen Sklaven Satans. Und dadurch, daß wir in diese Filme mit ihren okkulten Philosophien gehen und unseren Kindern die entsprechenden T-Shirts und Spielsachen kaufen, unterstützen wir Satans Kampf gegen die Gemeinde Jesu. Ein Lexikon definiert Dämonen als »Teufel; böse Geister; eine Person oder Sache, die als böse o. ä. bezeichnet wird«. Hört sich das noch nach »niedlich, freundlich und hilfsbereit« an? Es klingt mehr nach den Dämonen, über die Jesus sprach: »Ein Dieb kommt nur, daß er stehle, würge und umbringe. Ich bin gekommen, daß sie das Leben und volle Genüge haben sollen« (Johannes 10,10).

Es ist kein neues Phänomen, daß sich Menschen unter Satans Einfluß stellen. Schon in biblischen Zeiten berichtet der Psalmist von den Israeliten, die sich mit den heidnischen Kanaanitern verbündeten:

»Auch vertilgten sie die Völker nicht, wie der Herr sie doch geheißen hatte, sondern sie mengten sich unter die Heiden und lernten derselben Werke und dienten ihren Götzen; die wurden ihnen zum Fallstrick. Und sie opferten ihre Söhne und ihre Töchter den Teufeln und vergossen unschuldig Blut, das Blut ihrer Söhne und ihrer Töchter, die sie opferten den Götzen Kanaans, daß das Land mit Blutschulden befleckt ward; und sie verunreinigten sich mit ihren Werken und wurden abgöttisch mit ihrem Tun. Da ergrimmte der Zorn des Herrn über sein Volk, und er gewann einen Greuel an seinem Erbe und gab sie in die Hand der Heiden, daß über sie herrschten, die ihnen gram waren« (Psalm 106,34-41).

Kann man dieses Verhalten mit dem moderner Eltern vergleichen? Wenn wir erlauben, daß unsere Kinder ständig den Gremlins, Geistern, Zauberern, Hexen und Außerirdischen ausgesetzt sind, wohl wissend, daß dies dem Herrn ein Greuel ist, sind wir dann nicht genauso schuldig wie die Israeliten, die ihre Kinder opferten?

Krieg der Sterne

Der Einfachheit halber möchte ich die drei Fortsetzungen der «Star Wars«-Serie »Krieg der Sterne«, »Das Imperium schlägt zurück« und »Die Rückkehr der Jedi-Ritter« hier zusammenfassen. Obwohl sich die Geschichten unterscheiden, sind doch die okkulten Praktiken und Phänomene durchaus vergleichbar. Durch die »Krieg der Sterne«-Trilogie wurden Millionen Menschen in der westlichen Welt mit der heidnischen Religion des Zen-Buddhismus bekanntgemacht. Dies geschah vor allem durch eine kleine, elfenähnliche Figur namens Yoda, den Zen-Meister. Yoda unterrichtet Luke Skywalker, eine Art buddhistischer Mönch, über die allgegenwärtige »Macht«. Die »Macht« wird als Gottheit beschrieben, die sowohl gute wie auch böse Eigenschaften besitzt. Diese Eigenschaften können durch eine Person, die mit der Gottheit in Kontakt tritt, »aufgerufen« und durch Gedankenübertragung manipuliert werden. In den Filmen lehrt Yoda Luke, die in ihm wohnende Kraft sichtbar zu machen und die »Macht« zum Guten zu nutzen. Diese Philosophie ist reinster Zen-Buddhismus. Welchen Gott hätte der in Sünde gefallene Mensch denn lieber als einen, den er beliebig befehligen und kontrollieren kann?

Yoda erzählt Luke aber auch von den Gefahren, die auf der »dunklen Seite der Macht« lauern: »Nimm dich vor Versuchungen in acht, und hüte dich vor Aggressionen, Zorn und Furcht. Wenn du dich einmal auf den dunklen Weg begibst, wird er dein Ziel für immer bestimmen.« Wenn sich dieses Zitat auch fast nach der Lehre Jesu anhört, enthält es doch Elemente aus anderen Religionen: dem Taoismus, dem Islam und dem Judaismus. Der Gedanke, Gott als »treibende Kraft in der Natur« darzustellen, ist sogar pantheistisch und dualistisch und somit gegen Gottes Wort.

Man hat den Einwand erhoben, die »Krieg der Sterne«-Trilogie dürfe nicht als okkult bezeichnet werden, spiegele sie doch den Kampf des Guten gegen das Böse wider. Außerdem werde klar, daß es zwar nicht immer einfach sei, die »gute Seite« zu wählen, daß es sich am Ende aber auszahlt. Und doch haben wir es mit Okkultismus zu tun, denn jede Handlung, die »von ihrer Wurzel her« nicht Gott, sondern Satan oder andere Götter verherrlicht, ist okkult. Yoda spricht nicht von der Nachfolge Christi, sondern empfiehlt Luke, sich auf sich selbst und die ihm innewohnende Macht zu verlassen, um Gutes zu tun. Auch das widerspricht der Lehre Gottes, denn Luke wird hierbei mit Gott gleichgestellt. Er soll seine Lebenssituationen ohne Gottes Hilfe meistern.

Aber der Okkultismus ist nicht nur in den zen-buddhistischen Lehren Yodas zu entdecken. Luke »zaubert« auch — eine der Praktiken, die im 5. Buch Mose eindeutig als »dem Herrn ein Greuel« beschrieben sind. George Lucas, der Produzent der »Krieg der Sterne«-Trilogie, erzählt, daß er von den Schriften Carlos Castanedas beeinflußt worden sei. Castanedas Bücher schildern die Geschichte eines mexikanischen Indianer-Zauberers, der von einer Lebenskraft redet. Das findet auch seinen Niederschlag in der Figur des »Darth Vader«, Lukes Vater, der aber auf der Seite des Bösen steht. »Darth Vader« trägt eine schwarze Maske, die sein Gesicht bedeckt und ihn wie eine Maschine aussehen läßt. Die Wikinger schnitzten vor Jahrhunderten solche Holzmasken, die ihre Götter darstellen sollten. Darth Vader nun hat viel Ähnlichkeit mit dem Wikinger-Gott Odin. Mythen ranken sich um Personen, denen göttliche Fähigkeiten nachgesagt werden. Daher wurden solche Personen als Götter angebetet. Die Israeliten beteten ebenfalls ihre Götzenbilder an. Ein Symbolismus, der seine Wurzeln in der Mythologie hat, ergänzt also noch den okkulten Hintergrund des Films.

Dennoch sehen manche in den »Star Wars«-Filmen auch christliche Werte repräsentiert. Das mag sein, aber es handelt sich dabei um ein »verkürztes Evangelium«. Und einige der vorgestellten Ideale können Menschen abhalten, sich mit der Wahrheit des Evangeliums auseinanderzusetzen. Was das Christentum so unvergleichlich macht, ist der Glaube an die Errettung des Menschen durch den Tod und die Auferstehung Jesu Christi. Genau das kann man aber in der Jedi-Religion nicht finden, nicht einmal andeutungsweise. In der »Rückkehr der Jedi-Ritter« wird Darth Vader nicht aufgrund seines Bekenntnisses erlöst, sondern durch seinen Sieg über den bösen »Imperator«. Dieses »unvollständige« Evangelium muß Christen zu denken geben.

Es ist zu befürchten, daß junge Leute durch den Einfluß dieser Filme eine falsche Haltung gegenüber Religion entwickeln und einem Aberglauben verfallen. Sogar George Lucas gibt zu, daß Filme gesellschaftliche Strukturen beeinflussen können und heute bereits bei Jugendlichen die Erzieherrolle eingenommen haben, die sonst die Kirche innehatte. Er führt aus: »Filme und andere visuelle Unterhaltung spielen eine unübersehbar wichtige Rolle in unserer Gesellschaft. Die Leute in der Filmindustrie wollen aber die Verantwortung dafür nicht übernehmen, daß auch sie Schuld mittragen, was in der Welt heute alles möglich ist. Film und Fernsehen sagen uns, wie wir unser Leben zu gestalten haben, was richtig und was falsch ist. Wenn Burt Reynolds sich betrinkt und danach sein Auto zu Schrott fährt, macht das Eindruck auf die Jugendlichen, die mit der Bierdose in der Hand im Kino sitzen.«

Alle religiösen Bezüge, die Christen so gern in seinen Filmen sehen würden, weist Lucas von sich: »Ich habe nur versucht — ganz einfach und für junge Leute verständlich — darzustellen, daß es einen Gott gibt und daß man zwischen der guten und schlechten Seite wählen muß. Das ganze läuft eben besser, wenn man bei den Guten ist. So einfach ist das.«

Welche Botschaft er auch immer vermitteln will, das Vorhandensein okkulter Praktiken und Symbole streitet er nicht ab. Diese Filme haben einen enormen Einfluß auf unsere Jugend. Sie sehen den sanften Yoda, der Luke hilft, Gutes zu tun. Sie erkennen aber nicht die okkulten Philosophien, die Yoda vermittelt. Satan hat seinen Fuß in der Tür . . .

Kaufen wir unseren Kindern »Krieg der Sterne«-Spielzeug, dann unterstützen wir diese Philosophien. Wir wissen ja, daß Kinder das nachspielen, was sie auf dem Bildschirm beobachtet haben. Sie möchten gern Luke Skywalker sein und die »Macht« nutzen, um gegen das Böse zu kämpfen. Und auf Spielplätzen findet man häufig Kinder, die mit Plastikschwertern ihre Kameraden »segnen«: »Möge die Macht mit dir sein . . .« Möchten wir wirklich, daß unsere Kinder sich auf diese »Mächte« im Kampf gegen das Böse verlassen? Inzwischen gibt es eine ganze Produktserie mit »Krieg der Sterne«-Spielfiguren. Nicht nur Yoda, sondern auch die »Ewoks« und die »Droiden« haben die Herzen erobert. Der »Ewoks«-Zeichentrickfilm, der in Amerika jeden Samstag morgen eine Stunde lang gezeigt wird, zieht allwöchentlich 19,6 Millionen Zuschauer in seinen Bann. Bei den »Ewoks« wird heftig »gezaubert«. In einer Folge z. B. hing plötzlich das Symbol des Zen-Buddhismus am Himmel. Ein andermal bewegten die »Ewoks« die guten Feen durch einen Zauberspruch dazu, einen Waldbrand zu löschen, den eine Hexe gelegt hatte. Mitten im Feuer telepathierte der »Seelenbaum der Ewoks« — der immer dann gepflanzt wird, wenn ein »Ewok« geboren wird — an seine Freunde und rief sie zu Hilfe. Auch das ist ein heidnischer Glaube, der an einen Geist in jedem Lebewesen glaubt.

In diesen Kindersendungen fällt auch das enorme Tempo der Bildfolge und die harte Rockmusik im Hintergrund auf. Wenn wir Spielzeuge und andere Dinge kaufen, die im Zusammenhang mit diesen Filmen stehen, unterstützen wir Satans Werk der »heimtückischen Verführung«.

E.T.

Um das E.T.-Spielzeug verstehen zu können, müssen wir zunächst einen Blick auf den Film werfen. Der Außerirdische E.T., bei Filmfreunden längst zu einer Kultfigur geworden, hat als Film allein im Premierenjahr 1982 313 Millionen Dollar eingespielt. Zunächst scheint es sich um einen weiteren niedlichen Science-fiction-Film zu handeln, aber der okkulte Symbolgehalt ist nicht zu übersehen.

Die erste Filmszene zeigt eine Gruppe von Jungen, die »Dungeons and Dragons« spielen, jenes okkulte Spiel, das ich schon erwähnt habe. Später, beim Abendessen, sagt der Hauptdarsteller Elliot seinem Bruder im Streit ein böses Schimpfwort, über das die Mutter sogar lacht. Ist das ein gutes Beispiel, das wir unseren Kindern geben wollen? Dürfen sie schmutzige Worte sagen, ohne von den Eltern korrigiert zu werden? Denken Sie daran, daß Kinder leicht zu beeindrucken sind, und daß ihre Wertvorstellungen und Ideale erst dabei sind, sich zu bilden. Wenn sich die Eltern aber dafür keine Zeit nehmen, werden die Kinder Werte aus Film und Fernsehen übernehmen, die später niemandem gefallen.

Nachdem der Außerirdische E.T. in Elliots Haus angekommen ist, entsteht zwischen den beiden eine psychische Verbindung durch Telepathie. In einer Szene ermöglicht diese Verbindung ihnen sogar, Verfolgern zu entkommen, indem sie mit Elliots Fahrrad über die Baumwipfel entschweben. Ein typisches Beispiel von Levitation. Telepathie und Levitation aber werden häufig von einem Medium eingesetzt. In 5. Mose 18,9-12 verbietet Gott den Menschen ausdrücklich, als Medium zu fungieren, da dies dem Herrn »abscheulich« sei. In Galater 5,19-21 schreibt Paulus, daß jeder, der solches praktiziert, nicht das Reich Gottes ererben wird.

Gegen Ende des Films wird E.T. sehr krank und stirbt. Dann steht er allerdings wieder auf und kehrt mit seinem Raumschiff zu seinem Planeten zurück. Diese Szene hat viel Ähnlichkeit mit Jesu

Auferstehung und Himmelfahrt. Überhaupt wirkt der ganze Film wie ein Parallele zum Leben Jesu. E.T. kommt vom Himmel auf die Erde, tut dort »Wunder«, wird verfolgt, gejagt und stirbt, kehrt ins Leben zurück und fliegt wieder gen Himmel. Der Unterschied liegt nur darin, daß Jesus Gott ist; E.T. dagegen ein dämonisch dreinblickender Außerirdischer, der keineswegs Gott ist. Überall im Film wird E.T. mit göttlichen Fähigkeiten dargestellt. Und noch eins: Im Film sind die Erwachsenen gegen E.T., während die Kinder das kleine Wesen vor den »Großen« beschützen müssen. Der Gedanke, der hier zugrunde liegt, besagt, daß »Außerirdische den menschlichen Wesen überlegen sind.« In den meisten Science-fiction-Filmen, Zeichentrickfilmen oder Videospielen sind die Wesen aus dem All den Menschen überlegen. Dagegen heißt es in 1. Mose 1,26-27:

»Und Gott sprach: Lasset uns Menschen machen, ein Bild, das uns gleich sei, die da herrschen über die Fische im Meer und über die Vögel unter dem Himmel und über das Vieh und über die ganze Erde und über alles Gewürm, das auf Erden kriecht. Und Gott schuf den Menschen ihm zum Bilde, zum Bilde Gottes schuf er ihn; und schuf sie, einen Mann und ein Weib.« Im Licht dieses Wortes betrachtet bleibt kein Raum für »höhere Wesen«.

Über das Spielzeug selbst läßt sich eigentlich nichts Nachteiliges sagen. Aber auch hier stellt die Verbindung zu dem okkulten Film das eigentliche Problem dar. Wenn das Kind die Filmszenen nachspielt, besteht die Gefahr, daß es mit der Zeit mehr Einsicht in die okkulte Welt als in Gottes Wort bekommt.

Gremlins

Die schadenfrohen »Gremlins« sorgten in der Spielzeugindustrie für einige Aufregung, vergleichbar mit dem Aufsehen, das E.T. und die »Krieg der Sterne«-Figuren erregten. Ihre Bilder konnte man fast überall finden — auf Gläsern, Spielsachen, T-Shirts, sogar als Frühstücksflocken gibt es sie.

Stephen Spielberg hat den Film »Gremlins« produziert. Er erzählt die Geschichte von Billy Peltzer, einem Jungen, der davon träumt, ein Held zu sein. Sein Vater schenkt ihm zu Weihnachten eine kleine, pelzige Kreatur, einen Mogwai. Billy nennt ihn Gizmo. Während er Gizmo großzieht, verletzt Billy allerdings einige

Grundregeln der Mogwais, obwohl sein Vater ihm diese besonders eingeprägt hat. Eine der Regeln besagt, daß Mogwais niemals naß werden dürfen. Als Gizmo mit Wasser in Berührung kommt, gebiert er fünf weitere Mogwais. Obwohl sie wie Gizmo aussehen, kommen sie auf die ausgefallensten Streiche. Nach einer Kette von Ereignissen, die natürlich auch weitere Regelverstöße einschließen, entwickeln sich die Kreaturen zu häßlichen »Gremlins«, die von Stripe, dem boshaftesten »Gremlin«, angeführt werden. Die Wesen richten überall Verwüstungen an. Wo sie auftauchen, herrscht Chaos und Tod. Billy wird schließlich zum Helden, als Gizmo und er gegen die »Gremlins« kämpfen und sie besiegen. Stripe ist tot, aber Gizmo lebt noch. Schließlich nimmt der erste Besitzer, ein älterer Chinese, der mit okkulten Dingen handelt, Gizmo wieder zurück.

»Gremlins« wurden inzwischen zum Synonym für Schadenfreude und alles, was das Leben im allgemeinen unangenehm macht. Der Begriff »Gremlins« stammt ursprünglich aus dem Zweiten Weltkrieg, als man technische Schwierigkeiten mit Flugzeugen und Maschinen als »Gremlins« bezeichnete. Es gibt aber noch andere Theorien, die ihre Herkunft betreffen. Welcher man auch Glauben schenkt, sie alle lassen sich zurückführen auf die Lexikon-Definition: »Teufel, böser Geist, eine Person oder Sache, die als böse o. ä. bekannt ist.« Da dies der Fall ist, ist es logisch, daß es Gott nicht gefallen kann, wenn seine Kinder mit diesen Kreaturen spielen.

Wir müssen nun noch die Regeln anschauen, die der Besitzer der Mogwai beachten muß. Und da stehen schon die seltsamsten Dinge:

»Warnung: Du mußt alle Mogwai-Regeln beachten! Bringe sie nicht mit Wasser in Berührung, niemals! Auch Licht vertragen sie nicht, es kann sie umbringen. Aber das Wichtigste, das du nie vergessen darfst, wie sehr sie dich auch darum bitten: füttere sie nie, *nie*, nach Mitternacht!«

Diese eigenartigen Wesen wollen nicht das Reich Gottes ausbreiten, und nur so kann man auch diese eigenartigen Regeln deuten. Jesus sagt, daß er das lebendige Wasser und das Licht der Welt ist. Es stimmt auch, daß Dämonen die Flucht ergreifen, wenn sie mit der Macht Jesu in Berührung kommen. Jesus ist das Wasser des Lebens, wer von diesem »Strom des Lebens« trinkt, wird nie mehr dürsten. Das ist auch der Grund, warum jedes Wesen, das

das Werk Satans unterstützt, um Wasser einen großen Bogen macht. Dasselbe gilt für das Licht. Jesus ist das Licht der Welt, und er bringt die Dinge ans Tageslicht, die in der Dunkelheit versteckt sind. Sein Licht der Güte und Wahrheit wird alles Satanische vernichten!

Die Regeln besagen, daß diese Wesen nicht nach Mitternacht gefüttert werden dürfen. Das heißt, daß sie wie lebendige Wesen angesehen werden sollen. Das geht natürlich weit über die Realität hinaus. »Gremlins« leben nicht; sie sind nur Spielzeug. Außerdem: welche Eltern wären schon einverstanden, daß ihre Kinder mit solch dämonischen Figuren nach Mitternacht spielen? Das würde bei vielen Kindern sicherlich zu Alpträumen führen. All diese Ideen finden im Christentum keine Grundlage. Der Prophet Jesaja sagt uns sogar, »daß alle deine Kinder gelehrt werden vom Herrn, und groß wird ihr Friede sein«. Im Gegensatz dazu stehen jene Konzepte, die vom Chaos und nicht vom Frieden erfüllt sind. Wenn man eine Regel verläßt, so heißt es, breche das Chaos aus.

In der Zwischenzeit hat Lucasfilm Ltd. zwei neue Filme vorgestellt — natürlich gibt es dazu auch das begleitende Spielzeug: »Labyrinth« und »Howard, ein tierischer Held«. Der Labyrinth-Film zeigt 80 verschiedene, von Jim Henson, dem Erfinder der »Muppets«, entwickelte Puppen-Kreaturen, von denen einige recht dämonisch aussehen. Der Rockstar David Bowie hat die Musik zu diesem Film geschrieben und spielt auch selbst mit. Auf dem Filmplakat ist er zu sehen, wie er gerade in eine Kristallkugel blickt. Wie bereits erwähnt, wird die Kristallkugel zur Nekromantie benutzt, also um mit Toten Kontakt aufzunehmen.

Auch die »Glücks-Bärchi« haben inzwischen zwei Fortsetzungen bekommen, ebenfalls begleitet von neuen Spielfiguren.

Neben den Spielsachen, die jeden neuen Kinderfilm begleiten, gibt es noch ein weiteres Phänomen zu betrachten. Diese Filme wurden nämlich zum Schwerpunkt einer neuen Welle von Fantasy-Filmen, die die amerikanische Filmwirtschaft buchstäblich aus einer finanziellen Talsohle gerettet hat. Diese Art von Filmen gibt dem Wunsch Raum, von etwas Negativem »befreit« zu werden, wie z. B. persönliche Probleme oder finanzielle Sorgen. Fantasy-Filme entsprechen auch dem Verlangen nach Abenteuer und dem Versuch, im alltäglichen Leben einen Sinn zu finden. Die Zuschauer fühlen sich wohl bei dem Gedanken, ihr irdisches Leben könnte durch unsichtbare, aber wohlgesonnene Mächte verändert werden.

Diese Filme zeigen natürlich nicht, daß keine dieser Phantasien jemals Wirklichkeit wird. Dadurch können sie für viele Fantasy-Fans auch zu einem echten Frusterlebnis führen. Nur durch die Kraft Jesu Christi wird der Wunsch nach einem veränderten Leben erfüllt. Je unfreundlicher die Realitäten des Lebens sind, um so größer wird der Wunsch zu träumen. Es hat den Anschein, daß die Filme am erfolgreichsten sind, die die bequemste Illusion eines zukünftigen Lebens vermitteln, in dem die Menschen sich wie Halbgötter benehmen können. Kinobesucher konsumieren ständig die Utopie eines transzendenten Guten, das die Welt vor der Zerstörung retten und wieder Ordnung in das chaotische Leben bringen kann.

Phantasien haben natürlich ihren Platz in unserem Leben. Sie sind allerdings mit einem zweischneidigen Messer zu vergleichen: geht man nicht richtig mit ihnen um, wird es gefährlich! Kinder sollten ermutigt werden, ihrer Phantasie freien Raum zu lassen, aber nicht so weit, daß sie lieber in der Schein- als in der realen Welt verweilen. Obwohl Dämonen in fast jedem Fantasy-Film vorkommen, müssen Kinder lernen, daß es diese Wesen tatsächlich gibt. Allerdings sind sie nicht so niedlich und freundlich, wie Satan es uns glauben machen möchte. Kinder sollten von dem Kampf zwischen Jesus und Satan wissen, weil letzterer die Welt beherrschen möchte. Die Bibel warnt uns: »Mein Volk ist dahin, darum daß es nicht lernen will. Denn du verwirfst Gottes Wort, darum will ich dich auch verwerfen, daß du nicht mein Priester sein sollst. Du vergissest das Gesetz deines Gottes, darum will ich auch deine Kinder vergessen« (Hosea 4,6). Petrus schreibt in seinem 1. Brief, Kapitel 5,8, daß Satan umhergeht wie ein brüllender Löwe und sucht, wen er verschlingen kann. Er sucht solche, die in ihrem Glauben an Jesus nicht gefestigt sind; er sucht auch jene, die von okkulten Filmen und Spielsachen fasziniert sind.

Kinder müssen lernen, den Feind zu bekämpfen, nicht mit fremden Mächten, sondern mit Gottes Waffen des Geistes: Gebet, Lobpreis, Anbetung, das Wort Gottes, der Name Jesus und das Blut Jesu. Paulus schreibt in Epheser 6,11, daß wir die Waffenrüstung Gottes anlegen sollen, damit wir im Kampf gegen den Teufel bestehen können. Auch Kinder sollten dies wissen. Überall sind die Kinder heute den okkulten Einflüssen ausgesetzt — von den Schulbüchern bis hin zum Fernsehen. Sie müssen lernen, sich auf die Tricks des Satans einzustellen und dagegen anzukämpfen, selbst wenn es sich äußerlich um »niedliche Außerirdische« handelt. Es fängt allerdings bei den Eltern an. Sie müssen sich zuerst dem Herrn und seinem Wort unterordnen, damit sie auch ihren Kindern den rechten Weg weisen können.

13

Was der Affe sieht, das tut er auch . . .

»Tue nicht, was ich tue, sondern was ich sage.« Die meisten Eltern sprechen es zwar nicht so aus, aber durch ihre Handlungen unterstreichen sie diesen Satz. Kinder können die Logik dieses Ausspruchs nur selten verstehen; und doch gehorchen sie lieber, wenn sie ihn hören.

Wie steht es nun mit der »elektronischen Großmutter«? Hat das Fernsehen dieselbe Autorität über die Kinder wie die Eltern? Wir wissen, daß es unterrichten kann; aber kann es auch Verhalten kontrollieren? Können die Fernsehsender eine Gewaltszene nach der anderen senden und trotzdem erwarten, daß Kinder diese Szenen nicht imitieren? Das ist gegenwärtig ein wesentliches Problem: im Fernsehen werden die Konsequenzen von Gewalttaten nur selten gezeigt. Dadurch bekommen die Kinder einen ganz falschen Eindruck. Und was dann »spielerisch« nachvollzogen wird, ist ja nicht nur Einbruch, sondern auch Mord und Totschlag. Zeitungen berichten von Kindern, die nach Fernsehsendungen Selbstmord begingen — offensichtlich hatten sie Anregungen bekommen, wie man es machen könnte. Aus diesem Grund sind viele Eltern vom Fernsehen enttäuscht und machen sich Sorgen über die negativen Auswirkungen, die die Gewaltszenen auf ihre Kinder haben können. Oft ist es im Fernsehen auch so, daß das Opfer der Gewalttat nicht schwer verletzt wird. Es ist eben »nur« angeschossen worden, und was dann folgt, ist für den Zuschauer nicht mehr ersichtlich. Wenn eine bestimmte Sendezeit eingehalten werden muß, verzichten die Produzenten lieber darauf, die Folgen zu zeigen und vermitteln dadurch ein unvollständiges Bild von Gewalt und ihren Konsequenzen.

Die Fernsehanstalten schreiben auch vor, wieviel »Blutvergießen« es auf dem Bildschirm geben darf. Daraus ergibt sich, daß viele Überfälle und Gewalttaten im Film harmloser erscheinen, als sie in Wirklichkeit sind. Wenn ein Opfer zum Beispiel eine Schußwunde im Kopf hat, sieht man meist nur eine kleine Blutlache neben seinem Kopf. Das ist natürlich in Wirklichkeit viel blutiger. Da Kinder aber das glauben, was sie am Bildschirm sehen, können sie nicht begreifen, was es bedeutet, jemanden zu erschießen. Das gleiche läßt sich auch über Zeichentrickserien sagen wie z. B. »Captain Future« o. ä., wo die »Guten« gegen die »Bösen« kämpfen. Jede Folge enthält viele Kampfszenen. Bei jedem Schlag erscheinen — natürlich groß, in Farbe und wie vom Blitz geschrieben — Worte wie *Bamm* oder *Krach* auf dem Bildschirm. Niemand wird aber jemals ernsthaft verletzt. Erwischt es aber jemanden sehr stark, fällt er manchmal in Ohnmacht. Das kann man schon als Konsequenz einer Gewalttat erkennen, allerdings wirkt es auch wieder lustig. Die Figuren sehen dann Sterne, fallen wie ein Stein zu Boden oder sausen wie eine Rakete gen Himmel. Wird in der Realität jemand so geschlagen, daß er in Ohnmacht fällt, dann trägt er bestimmt ernsthafte innere oder äußere Verletzungen davon. Im Fernsehen ist das anders; die Akteure sehen auch nach einem heißen Kampf noch ganz fit aus. Was durchlebt nun ein Kind, wenn es am nächsten Tag die Kampfszenen auf dem Schulhof nachspielt und plötzlich mit einer blutenden Nase und einem blauen Auge nach Hause kommt?

Im Fernsehen laufen aber noch viele andere Serien — Zeichentrickfilme und Realfilme —, die voll von ausgespielten Gewaltszenen sind. Da gibt es zum Beispiel die Geschichten um »Kojote« und »Roadrunner«, eine Zeichentrickserie, die schon bei sehr kleinen Kindern außerordentlich beliebt ist. Hier werden Gewaltdarstellungen am laufenden Band vorgeführt. Die Geschichten handeln davon, wie der Kojote versucht, den Roadrunner zu fangen — und das immer vergeblich. Oft kommt der Kojote dem Roadrunner sehr nahe, wird dann aber in letzter Minute wieder aufgehalten. Kojote ist der Bösewicht in dieser Serie. Er wird oft durch Explosionen in Stücke gerissen, fällt von Felsen, wird von Zügen überrollt, oder riesige Felsbrocken fallen auf ihn. Erstaunlicherweise ist er nie tot. Dann wird er plattgewalzt, daß er nur noch wenige Zentimeter groß ist, aber in der nächsten Szene tritt er wieder auf, als wäre nichts passiert. Man könnte die Schlußfolgerung ziehen, daß Kojote in jeder Szene neues Leben geschenkt wird. Er kehrt ins Leben zurück, wobei er wieder so aussieht wie vor seiner Zerstörung. Sein Gegenspieler Roadrunner, eine Art Straußenvogel, ist der »Gute«. Ihm passiert nie etwas, sondern er entkommt jedesmal dem Bösewicht. Da Kinder Fernsehen als Realität ansehen, ist es ihnen nach solch einer Sendung schwer klarzumachen, daß Gewalt schwerwiegende, dauerhafte, schmerzliche und sogar tödliche Folgen haben kann.

Die Serie »A-Team« im Vorabendprogramm ist ebenfalls typisch für die Verharmlosung von Gewalt. Die »Guten« gewinnen immer und werden nie ernsthaft verletzt. Jede Woche kämpfen sie gegen eine neue Gruppe von »Bösen«. Und das richtig: mit automatischen Maschinengewehren, Granaten und reichlich Sprengstoff. In jeder Folge überschlägt sich auch mindestens ein Auto in voller Fahrt, ohne daß den Insassen etwas zustößt. Wenn jemand von der Wucht der Detonation zu Boden geworfen wird oder einen Streifschuß abbekommt, ist das schon sehr viel. Wenn man es aber in der Realität mit Maschinengewehren zu tun hat, die auf kürzeste Distanz losfeuern, ist das hier gezeigte harmlose Ergebnis völlig absurd! Im Fernsehen jedenfalls — so scheint es — ist alles möglich . . .

Obwohl ich der Meinung bin, daß »He-Man and Masters of the Universe« keine für Kinder geeignete Serie ist, hörte ich neulich einen interessanten Einwand. Eine Mutter erzählte einem Reporter, sie »mag zwar die meisten Zeichentrickserien nicht, weil sie nicht nur gewalttätig, sondern auch inkonsequent sind. Bei He-Man aber ist das anders. Wenn der einen Kinnhaken bekommt, sagt er nämlich: ›Mann, das tat weh! Nächstes Mal muß ich etwas anderes versuchen.‹«

Oft sitzen die Kinder stundenlang vor dem Fernseher und »schlucken« eine Gewaltszene nach der anderen, ohne auch nur einmal das reale Resultat zu sehen. Natürlich werden die »Bösen« ins Gefängnis gesteckt, aber sie kommen bald wieder heraus, wenn eine Kaution gestellt wird. Was lernt das Kind daraus: Es kann sich lohnen, ein Verbrechen zu begehen, weil die Strafe doch nicht so hart ausfällt, wie es zunächst aussieht. Das Fernsehen verherrlicht Verbrechen und Gewalt. Wer hart und aggressiv ist, ist »cool«. Und

Kinder wollen gern »cool« sein, so wie »Rambo« oder »Mr.T.«. Sie ahmen das Verhalten dieser »harten Männer« nach und meinen, es wäre ganz in Ordnung. Weil Kinder im Durchschnitt jede Woche 22 bis 26 Stunden fernsehen, müssen diese Gewaltszenen Spuren bei ihnen hinterlassen. In unserer schnellebigen, erfolgsorientierten Gesellschaft lernen die Kinder mehr aus dem Fernsehen als aus irgendeiner anderen Quelle, da sie den größten Teil ihrer freien Zeit vor dem Kasten verbringen. Sie übernehmen also die Ideale, die ihnen vorgesetzt werden, und das sind sehr oft nicht die, die ihnen ihre Eltern gern vermitteln würden.

Die »elektronische Großmutter« ist allerdings nicht rundrum schlecht, besonders nicht als Lehrinstrument. Aber wie alles andere »Gute« kann es durch Mißbrauch die kindliche Entwicklung und sein Sozialverhalten negativ beeinflussen. Schätzungen besagen, daß ein Kind 18 000 Tötungen auf dem Bildschirm beobachtet haben wird, bevor es seinen Schulabschluß macht. Ist das der Lehrstoff, den unsere Kinder lernen sollen? Eltern können diese Statistik allerdings ändern, indem sie Videogeräte einsetzen. Wer eine Sendung aufzeichnet, begutachtet und für sein Kind auswählt, kann sehr wohl ein gutes Programm zusammenstellen. Um die Auswirkungen zu verstehen, die Gewaltszenen im Fernsehen auf Kinder haben, und auch den Zusammenhang zur Erwachsenenkriminalität zu begreifen, sollten wir folgendes bedenken: wenn Erwachsene ein schwerwiegendes Problem zu lösen haben, wählen sie oft eine von zwei Möglichkeiten — weglaufen oder kämpfen. Beide sind im Grunde kindliche Verhaltensweisen. Erwachsene sollten Schwierigkeiten mit Logik und Verstand angehen, nicht mit Hilflosigkeit oder Aggression. Andererseits zeigt das Fernsehen den Kindern, wie man seine Gefühle auslebt. Wird jemand angegriffen, schlägt er zurück. Selten läßt sich einer der »harten Männer« auf eine Diskussion ein. Die meisten Probleme werden gewaltsam gelöst — mit Schwertern und Gewehren. Kinder ahmen dieses Verhalten nach, weil sie nicht gelernt haben, ihren Verstand zur Problemlösung einzusetzen. Kinder lernen nun aber vornehmlich durch ihre Umgebung, also durch ihre Eltern und das Fernsehen. Und wenn ihnen vorgelebt wird, daß Probleme am besten durch Gewalt zu lösen sind, werden sie das als »korrekten Weg« übernehmen.

Inzwischen gibt es einige Untersuchungen, die sich mit dem Zusammenhang zwischen kindlichem Fernsehverhalten und Erwachsenenkriminalität beschäftigen. Die Ergebnisse der wohl umfangreichsten Untersuchung zu diesem Thema möchte ich hier vorstellen:

Die ausführlichste Untersuchung zum Thema »Gewalt im Fernsehen« zeigt eine enge Verbindung zwischen kindlichem Fernsehverhalten und dem Ansteigen der Kriminalität im Erwachsenenalter. Diese Untersuchung umfaßt einen Zeitraum von 22 Jahren und wurde von den beiden Psychologie-Professoren Dr. R. Huesmann und Dr. L. Eron von der University of Illinois, Chicago, durchgeführt. Sie untersuchten die Fernsehgewohnheiten aller Drittklässler eines New Yorker Bezirks und überprüften die Klasse dann noch einmal 22 Jahre später. Bei denen, die kriminell auffällig geworden waren, hatten diejenigen mit hohem Konsum von Gewaltszenen auch weitaus aggressivere Straftaten begangen. »Kinder, die viel Gewalt im Fernsehen beobachten, verhalten sich aggressiver«, kommentiert Dr. Huesmann. »Und sie übernehmen dieses Verhalten mit großer Wahrscheinlichkeit in ihr Erwachsenenleben.« Außerdem fanden die Wissenschaftler heraus, daß Mädchen, die mehr Gewaltszenen als ihre Kameradinnen gesehen hatten, dazu neigten, ihre Kinder härter zu bestrafen. Allerdings könne dafür nicht nur das Fernsehverhalten verantwortlich gemacht werden.

Leider warten nicht alle Kinder mit der Ausübung von Straftaten, bis sie erwachsen sind. Viele kommen durchs Fernsehen auf krumme Gedanken und setzen sie bald in die Tat um. Ein anderes Problem: Fernsehtäter werden oft nicht gefaßt. Das bringt die Kinder zu der Annahme, daß sie sicher auch nicht erwischt werden, wenn sie nur jedes Detail »nachspielen«. Ein Beispiel:

In einem Vorort von Los Angeles wurde kürzlich ein 9jähriger Einbrecher festgenommen, der durch den Schornstein in ein Haus einbrechen wollte. Die Polizei verdächtigt ihn und seinen gleichaltrigen Freund, mindestens zehn weitere Einbrüche auf diese Weise in der Nachbarschaft verübt zu haben. Der Einbrecher habe zugegeben, die Idee, durch den Kamin einzusteigen, sei ihm vor kurzem bei einer Fernsehsendung gekommen.

Es ist sehr wahrscheinlich, daß Kinder wie diese wesentlich gewaltsamere Straftaten begehen werden, wenn sie erst einmal erwachsen sind. Durch Spiel und Fernsehen lernen Kinder die Welt um sie herum kennen. Unglücklicherweise verdreht das Fernsehen aber die Wirklichkeit, ohne daß das Kind dies bemerkt. Das Fernsehen zeigt die Welt durch ein »Hollywood«-Objektiv: in dieser Phantasiewelt ist Gewalt normal und Sex allgegenwärtig, Erfolg ist ohne Mühe zu erreichen, und Probleme werden zwischen Werbespots gelöst.

Obwohl wir diese Argumente kennen und sie durch zahllose Untersuchungen belegt wurden, gibt es doch keine einheitliche Meinung darüber, ob Gewalt im Fernsehen die Kriminalitätsrate beeinflußt oder nicht. Für viele Experten gibt es darauf nur eine Antwort: Gewalt im Fernsehen führt zu aggressivem Verhalten. Andere widersprechen und meinen, dies wäre nicht eindeutig zu belegen. Eine dritte Gruppe vertritt die Meinung, daß Gewalt im Fernsehen die Eigenaggressivität des Zuschauers verringert. Diese »Katharsis«-Theorie geht schon auf Aristoteles zurück. Die Erfahrung zeigt aber in jedem Fall, daß das Fernsehen einen verstärkenden Impuls auf die Kinder hat, die ohnehin schon für Gewalt anfällig sind.

Welches Kind aber ist für Gewalt anfällig? Es sind vor allem Kinder, die unter Ablehnung oder sogar Mißhandlung leiden. Diese Kinder verbringen ohnehin den Großteil ihrer Freizeit vor dem Fernseher. Viele stammen zudem noch aus sozial schwächeren Verhältnissen, was sich auch auf ihr späteres Leben auswirken wird.

Sozialwissenschaftler sagen, daß Armut heutzutage schwerer zu ertragen sei als früher. Die Gesellschaft und das Fernsehen verspricht den Menschen viel, und derjenige, der das Ziel nicht erreicht, fühlt sich als Versager. Er fühlt sich aber auch betrogen, denn das Fernsehen — seine Realität! —, so meint er, hat ihn hinters Licht geführt. Kinder merken in dieser Situation schon sehr früh, daß sie niemals Mitglied der erfolgreichen, freien Gesellschaft sein werden, die ihnen auf dem Bildschirm vorgeführt wird. Sie resignieren, werden zornig und äußern diese Gefühle in aggressiven, gewalttätigen Handlungen. In dieser Situation verlieren Kinder auch den Respekt vor ihren Eltern und anderen Autoritätspersonen. Das Fernsehen weckt bei Kindern die Vorstellung, daß es im Leben eigentlich nur auf Geld, Status und Erfolg ankommt. Das Gegenteil davon aber sehen sie zu Hause: ihre Eltern sind arm, also auch nicht zu respektieren. Und wenn Kinder ihre Eltern nicht respektieren, dann wird es ihnen schwerfallen, andere Autoritäten anzuerkennen. Das führt zu Rebellion, die sich am häufigsten in Aggression und Gewalt äußert.

Aus diesem Verhalten hat sich eine neue Form von Gewalt entwickelt, die sich in unseren Straßen breitmacht. Hier geht es nicht mehr um Überfälle aus Geldnot, sondern um Straftaten aus purer Lust an der Gewalt. Diese Taten werden oft auch als »gefühllose Verbrechen« bezeichnet. Viele Experten können diese Gewalttaten nicht einordnen. Es gibt nur eine Erklärung: das Kind, das die Tat ausführt, hat das Gefühl, nichts mit dem Opfer gemein zu haben, oder es hat versäumt, eine grundlegende Basis für seine Identität als menschliches Wesen zu entwickeln. In seinem Buch »Criminal Violence, Criminal Justice« (Kriminelle Gewalt und kriminelles Recht) beschreibt Charles E. Silberman einen solchen Fall: »Zwei Jungen, 12 und 13 Jahre alt, zündeten zunächst eine Katze an und töteten dann einen schlafenden Stadtstreicher, indem sie ihn mit Benzin übergossen und anzündeten. Der erschreckendste Aspekt hierbei ist, daß die Tat bei den Jungen überhaupt keinen Eindruck hinterlassen hat. Wenn sich früher Kinder zu Gewalttaten hinreißen ließen, fühlten sie sich nachher schuldig und bedrückt. Die ›Neuen Kriminellen‹ sind in ihrer Erziehung schon so brutalisiert worden, daß es ihnen nicht möglich scheint, ihr Opfer als menschliches Individuum anzusehen oder zu erkennen, daß sie einen Menschen getötet haben.«

Obwohl Armut schon immer ein Zustand war, der Gewalt und Aggression gefördert hat, ist die Motivlosigkeit, mit der Gewalt heute einhergeht, jedoch ein neues Phänomen. Berge von Frustrationen im Leben der Kinder haben nicht nur Träume und Hoffnungen zerstört, sondern auch Zorn und Aggression ausgelöst. Obwohl der direkte Zusammenhang zwischen Gewalt im Fernsehen und Kriminalität im Erwachsenenalter nicht bewiesen werden kann, ist der enorme Einfluß des Fernsehens auf das Leben des Kindes bekannt. Und wenn ein Kind mit Gewaltszenen geradezu bombardiert wird, ist die Wahrscheinlichkeit sehr groß, daß es sich aggressiv abreagiert und nicht seinen Verstand gebraucht, um Probleme zu lösen. Kinder imitieren, was sie sehen; besonders dann, wenn ihr Verhalten von ihren Kameraden als »cool« gewertet wird.

14

Wohin führt der Weg?

Was ich in diesem Buch über Spielzeug und Filme geschrieben habe, ist nicht auf Fanatismus zurückzuführen. Ich habe es geschrieben, weil Gott mich dazu bewegte. Allerdings lief ich nicht gleich los und rief: »Der Herr sagt, alles Spielzeug ist schlecht!« Statt dessen begann ich mich für dieses Gebiet zu interessieren, und je mehr Spielzeug ich untersuchte, um so mehr »Fallen« entdeckte ich. Mein Urteil wandelte und stabilisierte sich schließlich, je mehr Fakten ich zusammentrug. Ich habe versucht, keine Spekulationen anzustellen. Das Thema ist zu wichtig, deshalb brauche ich Tatsachen.

Mit meinen Untersuchungen möchte ich in Erfahrung bringen, was Spielsachen und Filme bei Kindern tatsächlich bewirken. Ich verbringe aber auch viel Zeit im Gespräch mit Familien. Ich möchte herausfinden, was sie zu sagen haben, und versuche, sie zu verstehen. Ich glaube, es gibt heute auch in den Kirchen und Gemeinden viele Kinder, die »He-Man«, »She-Ra« und ähnliches Spielzeug wie einen Gott verehren. Viele Kinder haben das Gefühl, daß »He-Man« der mächtigste Mann des Universums ist. Traurigerweise haben diese Kinder oft keinen geistlichen Begleiter, der sie eines Besseren belehren könnte. Oft nehmen sich die Eltern auch keine Zeit, um mit ihren Kinder fernzusehen, oder sie sehen es als nicht so wichtig an. Spielzeug, so denken viele, ist »nett«, was sollte daran schon gefährlich sein? Wenn es schön aussieht, wird es schon richtig sein. Wir müssen auch bedenken, daß es Eltern gibt, die nicht gelernt haben, ihre eigenen Fernsehgewohnheiten zu kontrollieren. Und wenn man sich selbst nicht »erziehen« kann, wie will man dann seine Kinder erziehen? Viele Mütter verbringen Stunden vor der »Glotze« und sehen sich billige Serien an, die genauso negative Auswirkungen haben wie schlechtes Spielzeug auf Kinder. Gott hat uns aber unter anderem auch deswegen Kinder anvertraut, damit wir ein Gefühl für Verantwortung entwickeln!

Wenn ich mit Eltern und Kindern über Spielzeug und Comics rede, stelle ich kein Dogma auf: »So muß man es machen und nicht anders . . .« Vielmehr zeige ich Hintergründe und gebe Informationen weiter. Die Entscheidung überlasse ich den Familien selbst — und dem Herrn, der zu den Eltern redet. Oft werde ich gefragt: »Wie kann ich das nun in meiner Familie umsetzen?« Spielzeugvernichtung wäre sicherlich nicht die richtige Methode! Das Kind braucht Zeit, und es liegt ja auch nicht nur an ihm oder den Eltern allein, sondern der Heilige Geist wirkt die bleibende Veränderung. Wenn Sie Ihren Kindern erlaubt haben, sich mit okkulten Spielsachen zu beschäftigen und sich brutale Filme anzuschauen und plötzlich ihre Meinung ändern, kann das bei Ihrem Kind zu der Annahme führen, Sie würden sich irren.

Obwohl Eltern das Spielverhalten ihrer Kinder beobachten sollten, müssen sie sich immer vor Augen halten, daß es Kinder sind — und keine kleinen Erwachsenen. Es ist nicht fair, Kinder zum »Salz der Erde« zu machen. Wir sind das »Salz der Erde«! Unsere Kinder sind noch zu klein, um zu einem Missionarsleben veranlaßt zu werden. Wenn sie von sich aus aktiv werden, ist das eine andere Sache. Aber wir dürfen Kinder nicht in Situationen bringen, in denen sie zu solch schwerwiegenden Entscheidungen gezwungen werden.

Kinder sind formbar und leicht durch ihre Kameraden zu beeinflussen. Daher müssen wir darauf achten, mit wem sie Umgang haben. Es ist eine Sache, wenn sie mit Nachbarskindern spielen, aber eine andere, wenn sie bei Kameraden übernachten, deren Eltern keine Christen sind. Verstehen Sie mich jetzt nicht falsch! Ich würde mein Haus jederzeit für Kinder ungläubiger Eltern öffnen — da habe ich sie ja »unter Kontrolle«. Außerdem hätte ich die Gelegenheit, Zeugnis von meinem Glauben zu geben. Aber welch ein Zeugnis kann ein vier- oder fünfjähriges Kind sein, wenn es sich in einer Situation befindet, in der es »kontrolliert« wird?

Wenn Eltern darauf achten, mit welchem Spielzeug sich ihr Kind beschäftigt, dann versuchen sie damit nicht, es zum »Salz der Erde« zu machen. Vielmehr wachen sie über das Kind und helfen ihm, nicht in die Gruben zu fallen, die Satan gegraben hat.

Wie kontrolliert man nun das Spielverhalten des Kindes? Wenn es noch klein ist, kann man fragwürdiges Spielzeug einfach durch anderes ersetzen. Es ist wichtig, eine Alternative anzubieten, und es gibt genug gutes Spielzeug. Ich möchte noch einmal erwähnen, daß ich das Spiel für die kindliche Entwicklung als sehr wichtig ansehe. Wenn das Kind älter wird, sollte man über das reden, womit es spielt. Anhand der Bibel und eines Lexikons können Bedeutungen und Fragen geklärt werden. Lesen Sie zum Beispiel 5. Mose 18,9-12, und lassen Sie Ihr Kind die Bedeutung der Worte im Lexikon nachschlagen. Besprechen Sie den Text, und sehen Sie sich dann gemeinsam mit Ihrem Kind seine Lieblingssendung im Fernsehen an. Vergleichen Sie den biblischen Text mit den vermittelten Werten und lassen Sie das Kind selbst urteilen.

Im folgenden habe ich elf verbotene Praktiken aufgeführt, und dieser Abschnitt sollte von Eltern, Großeltern und allen, die für den Schutz und das Wachstum von Kindern verantwortlich sind, sorgfältig durchgearbeitet werden. Sehen Sie sich danach die Zeichentrickserien an, die Ihre Kinder so mögen — Sie werden erstaunt sein und den Herrn um Bewahrung für unsere Kleinen bitten!

Elf verbotene Praktiken

1. Zauberei

Die Ausübung von magischen Künsten durch Zauberformeln und Beschwörungen.

Zauberer:

Magier, ein Mensch, der Stimme oder Musik dazu nutzt, eine andere Person geistig zu kontrollieren.

3. Mose 19,26
5. Mose 18,10-12
2. Chronik 33,6
2. Könige 17,17
Jesaja 47,8-11
Jeremia 27,9
Daniel 1,20
Offenbarung 21,8

2. Hexerei

Der Umgang mit bösen Geistern zur Ausübung von Zauberei.

5. Mose 18,10-12
2. Chronik 33,6
1. Samuel 15,23
Galater 5,19-21

3. Wahrsagerei

Vorhersagen zukünftiger Ereignisse

5. Mose 18,10-14
2. Könige 17,17
Jeremia 27,8-9
Jeremia 29,8-9
Apostelgeschichte 16,16-24

4. Hexenmeisterei

Die Beherrschung der Zauberkunst
Hexenmeister:
Männliche, im Umgang mit Zauberei erfahrene Hexe
(die in Israel ausgerottet werden sollte)

5. Mose 18,11
2. Könige 17,17
2. Mose 22,18

5. Nekromantie

Kommunikation mit Toten; Beschwörung der Geister der Verstorbenen zum Zwecke der Zukunftsdeutung oder der magischen Beeinflusssung zukünftiger Ereignisse.

5. Mose 18,11
1. Samuel 28,1-25
Jesaja 8,19
1. Chronik 10,13-14

6. Zaubersprüche

Einen Spruch über jemanden aussprechen zum Zwecke der magischen Beeinflussung.

5. Mose 18,11
Jesaja 19,3

7. Sterndeuterei/Astrologie
Vorhersage des angenommenen Einflusses der Sterne und ihrer Position auf das individuelle Leben und auf irdische Gegebenheiten.

Jesaja 47,12-15
Jeremia 10,2
Daniel 1,18-20
Daniel 2,1-49
Daniel 4,1-37
Daniel 5,7-15

8. Deutung der Zukunft
Das Deuten zukünftiger Ereignisse unter Inanspruchnahme anderer Geister als des Heiligen Geistes.

Josua 13,22
Micha 5,12-15
Apostelgeschichte 16,16-18

9. Prognostizieren
Vorhersagen aufgrund von Zeichen oder Symptomen.
Prophetie ohne Hilfe des Heiligen Geistes; Zukunftsdeuten.

Jesaja 47,12-15
Josua 13,22
Micha 5,12-15
Apostelgeschichte 16,16-18

10. Tagewählerei
Form der Astrologie.

3. Mose 19,26
5. Mose 18,10-14
2. Könige 21,6
2. Chronik 33,6

11. Magie
Zauberei.

5. Mose 18,10-12
2. Chronik 33,6
1. Samuel 15,23

Es wird für Eltern hilfreich sein, sich mit den Hintergründen der »New Age«-Bewegung und ihrem Einfluß auf Erziehungsmethoden zu befassen. Es ist auch wichtig, die humanistischen Tendenzen in unserer Gesellschaft zu verstehen, die schließlich im Okkultismus gipfeln. Viele der modernen Spielsachen spiegeln diese okkulten Ideen wider. Wenn Kinder dann von der Schule nach Hause kommen und eine Hausarbeit »über den Tod« schreiben sollen, ist dies nichts anderes als der humanistische Weg der »Festlegung von Werten«. Der Schulunterricht sollte sich nicht auf das Thema Tod konzentrieren, schon gar nicht in den Grundschulklassen. In manchen Schulen müssen die Kinder der sechsten Klassen ihre eigenen »Abschiedsbriefe« oder »Testamente« schreiben. In ihrem Buch »Die sanfte Verführung« beschäftigt sich die amerikanische Autorin Constance Cumbey ausführlich mit dem New Age-Phänomen. Sie kommt zu der Schlußfolgerung, daß »die New Age-Bewegung eine Religion ist, die das heidnische Gedankengut dieser Welt widerspiegelt. Dieses steht im völligen Widerspruch zur christlichen Lehre«. Einige der Grundsätze dieser Bewegung sind: der Glaube an ein zentrales spirituelles Wesen, an die Göttlichkeit des Menschen, die Reinkarnation, die Vorstellung von Gott als »Solar Logos«, Verfechtung der Evolutionstheorie, Glaube an die Erlösung durch Werke und die Existenz einer okkulten Hierarchie. Einige dieser Grundsätze gehören heute zum Lehrstoff in unseren Schulen, insbesondere die Evolutionstheorie.

Wenn Eltern interessiert sind, was ihre Kinder eigentlich in der Schule lernen, wird Kritik am staatlichen Schulsystem laut. Ich werde daher auch oft nach der Alternative — christliche Schulen — gefragt. Meine Antwort lautet dann meist, daß es nichts Besseres als eine gute christliche Schule gibt — und nichts Schlechteres als eine schlechte. Ich meine damit, daß es nicht nur um guten Unterricht, sondern auch um die Vermittlung der richtigen christlichen Werte durch gläubige Lehrer geht. Aus eigener Erfahrung weiß ich, wie sehr ein Schüler durch das Schulsystem geprägt wird, und wie sehr das humanistische Weltbild Lehrer und Schüler beeinflußt.

Die Schule lehrt oft, daß wir uns als Teil des Ganzen sehen und uns so verhalten sollen wie jeder andere auch. Eigentlich sollte Ihr Kind aber lernen, ein selbständiges Individuum zu sein, denn als solches hat Gott es geschaffen. Auch die christliche Kirche erliegt immer wieder der Tendenz, jeden zu »vereinheitlichen«. Ich bezeichne dies oft als »Backform-Christentum«. Jeder, der Christ sein will, muß in die festgelegte Form passen. Aber Gott benutzt Sandpapier und keine Backform, um eine individuelle Schöpfung zu vollenden. Er stellt uns alle notwendigen Fähigkeiten zur Verfügung, um seinen Willen zu tun. Und das ist der einzige Weg zur wahren Erfüllung: das Ausführen seines Willens. Wenn wir seinen Willen tun, werden wir nicht in irgendeine »Backform« passen. Wir werden aber die Persönlichkeit sein, die er geplant hat. In meinem Dienst habe ich immer versucht, Gottes Willen zu tun und nicht »wie jeder andere zu sein«. Ich bin im Grunde etwas altmodisch, obwohl ich mich im Anzug genauso wohl fühle wie in Jeans. Wahrscheinlich gibt es nicht sehr viele Exemplare meiner Art. Ich zeige meine Individualität eben nicht dadurch, daß ich in einem Hawaii-Hemd predige (obwohl mir manchmal schon danach ist).

Kinder sollten zu Persönlichkeiten heranwachsen, die nicht mit Hans oder Lisa von nebenan zu verwechseln sind. Das Fernsehen verstärkt allerdings die »Vereinheitlichungs-Tendenz«. Jedes Spielzeug, das die Kinder im Fernsehen entdecken, möchten sie haben, weil »jeder es hat«. Dem sollten Christen entgegenwirken, indem sie ihren Kindern klarmachen, welches Spielzeug gut für sie ist und welches nicht. Wird dies versäumt, gewinnt Satan durch »harmlose und niedliche« Spielsachen Zugang zur Gedankenwelt des Kindes.

Ist es nicht besser, diese Tendenzen zu verstehen und zu bekämpfen, statt tatenlos zuzusehen?

Meine Schlußfolgerung

Ich sage nicht, daß ich richtig und alle anderen falsch liegen. Aber ich behaupte, daß sich viele haben täuschen lassen. Sie »leiden, weil ihnen Weisheit mangelt«. Ich denke, Gott hat mir diesen Dienst aufgetragen, damit ich Eltern die Gefahren bewußt mache, die hinter einigen Fernsehprogrammen und Spielsachen lauern. Mein Ziel ist es, zu informieren und nicht zu verurteilen. Ich möchte unterstreichen, daß das Fernsehen an sich nicht falsch oder schlecht ist. Die negativen Einflüsse dieses Mediums basieren einerseits auf falschem Umgang mit dem Medium und andererseits auf der »Ohne-Werte-Philosophie« der Programmgestalter. Wird fernsehen in einer Familie erlaubt, so sollten folgende Regeln zum Schutz der Kinder beachtet werden:

1. Informieren Sie sich, was Ihre Kinder sehen.
Einen Teil ihrer Zeit müssen Eltern dafür zwar opfern, aber es ist das Opfer wert. Eltern sollten wissen, was ihre Kinder sich anschauen, und keinesfalls darf »die Glotze« zum Babysitter werden.

2. Sprechen Sie mit Ihrem Kind über die Handlung, die vermittelten Werte und Verhaltensweisen.
Kinder können nicht immer die richtigen Schlüsse aus dem ziehen, was sie sehen. Eltern müssen daher den Unterschied zwischen dem Gesehenen und der Realität erklären.

3. Planen Sie die Fernsehzeiten vor.
Der Fernseher sollte nicht als ständiges Hintergrundgeräusch laufen. Legen Sie fest, welche Sendungen für die Familie geeignet sind, und achten Sie darauf, daß auch wirklich nur diese angeschaut werden. Dadurch wird das Risiko, daß Kinder negativen Einflüssen ausgesetzt sind, erheblich vermindert.

4. Erkennen Sie die Verantwortung, die Sie als Eltern haben.
Eltern sollten sich ihrer Sache sicher sein, wenn es um bestimmte Sendungen geht. Nur weil die Mutter des Nachbarkindes nichts dagegen hat, daß ihr Kind eine bestimmte Sendung sieht, muß das noch lange nicht für Ihr Kind gelten. Wenn Sie von dem Wert einer Sendung nicht überzeugt sind, sollten Sie sie auch nicht erlauben.

Dieselben Prinzipien kann und sollte man auf Spielsachen übertragen. Achten Sie darauf, womit Ihr Kind spielt, und bedenken Sie, was dadurch ausgelöst werden kann. Wenn ein Spielzeug Ihrer Meinung nach nicht mit Gottes Wort in Einklang zu bringen ist, sprechen Sie mit Ihrem Kind darüber. Dadurch wird das Kind in den Entscheidungsprozeß mit hineingenommen.

In seinem Buch »Laß die Posaune erschallen« vertritt Pastor David Wilkerson die Meinung, das Fernsehen sollte ganz abgeschafft werden: »Wenn man beobachtet, wie viele wertvolle Kinder Gottes desensibilisiert und gleichgültig reagieren, wenn es ums Fernsehen geht, bekommt man es mit der Angst zu tun. Welch eine mystische Anziehungskraft hat es in unseren Tagen?« Er gibt dafür auch ein Beispiel:

Kürzlich lautete eine Zeitungsüberschrift: Haus brennt ab, während Familie fernsieht. Die ganze Familie war so besessen, daß niemand das Haus verlassen und die Feuerwehr rufen wollte.

Bis ein Teenager 18 Jahre alt ist, hat er insgesamt sechs Jahre vor dem Fernseher, aber nur vier Monate in der Kirche verbracht. Und es gibt immer noch Menschen, die behaupten, das Fernsehen sei kein Götze! Wie traurig ist es, daß es sich auch die Kinder christlicher Eltern vor diesem schrecklichen Götzen bequem machen, essen und trinken und gar nicht merken, daß er sie für das Gute blind macht und das Böse verherrlicht. Wir ziehen geistliche Krüppel auf und merken nicht, wie sie moralisch erblinden. Die Prophezeiung Christi, daß »Kinder sich empören werden wider die Eltern und werden sie helfen töten« (Markus 13,12) bewahrheitet sich an dieser Stelle, denn wir lassen sie zu Monstern ohne Mitleid werden. Genau das macht das Fernsehen — es macht unsere Kinder zu Monstern.

Vielleicht werden Sie jetzt sagen, diese Position sei zu extrem. Obwohl es mir nicht jeder glauben wird, habe ich nur positive Auswirkungen bei Familien gesehen, die das Fernsehgerät abgeschafft haben. Lassen Sie uns dem Wort Gottes folgen und um Weisheit bitten, wenn es um Spielsachen oder Fernsehsendungen geht. Wenn Fasten, also der Verzicht auf Speise, unseren Geist für die Stimme Gottes bereit macht, sollte ein Verzicht auf das Fernsehen nicht ebenso wertvoll sein? Gerade diejenigen, die nicht im Traum daran denken, ihren Fernseher zu verbannen oder zumindest »Fernsehregeln« aufzustellen, hätten es wahrscheinlich am nötigsten.

Die Alternative

Weil sich ein solcher Wandel nicht über Nacht vollzieht — besonders nicht bei größeren Kindern —, sollte man Alternativen parat haben. Sie helfen, die Härte eines solchen Wandels zu mildern und bewahren das Kind außerdem vor Langeweile. Ich möchte diese Alternativen kurz vorstellen:

Das Fernseh-Fasten
Die Fastenzeit — totale Fernsehabstinenz — kann so lange ausgedehnt werden, wie Sie es für notwendig erachten. Ich schlage zumindest eine Fastenzeit pro Jahr vor.

Der Videorecorder
Videorecorder sind heute schon für unter 1000 DM zu haben.

Das Sichten einer TV-Show
Wenn die Sendung gut ist, können Sie sie aufzeichnen und später Ihren Kindern vorspielen.

Bibel-Videos und christliche Musik-Videos
Aufbau einer Videothek
Kindervideos sind oft billiger als Videos für Erwachsene. Wenn es Ihnen finanziell möglich ist, kaufen Sie am besten einen Videoplayer (Abspielgerät) und einen Monitor (Fernseher ohne Empfangsteil). Damit gehen Sie sicher, daß Ihr Kind nur die Filme sieht, die Sie genehmigen und die es in Ihrer Videothek findet.

Videos sind für Kinder geradezu ideal. Sie lieben es, dasselbe Programm immer wieder zu sehen. Wenn Erwachsene einen Videofilm schon auswendig kennen, haben Kinder noch lange nicht genug.

Das gilt auch für Kinderbücher. Wie gern hören Kinder immer wieder dieselbe Geschichte und lesen sie auch selbst nach. Die meisten Kinder haben drei oder vier Bücher, die ihnen nie langweilig werden. Wenn Sie einen Fernseher zu Hause haben, wird der Videoplayer (Abspielgerät) für Sie eine gute Alternative sein. Wenn Ihnen ein Monitor zu teuer ist, können Sie auch die Schaltknöpfe abmontieren oder das Empfangsteil blockieren lassen. Damit wird sichergestellt, daß Ihr Kind nichts sieht, was es nicht sehen soll — auch wenn Sie nicht zu Hause sind. Ein weiterer Vorteil eines Videorecorders: Sie können Szenen löschen, die Ihnen ungeeignet erscheinen, um so einen insgesamt guten Film zu zeigen.

Es ist an der Zeit, daß Eltern und alle, die sich um Kinder Sorgen machen, etwas unternehmen, um unsere jungen Menschen zu schützen. Diese Generation wird von dem »Vater der Lüge« betrogen. Und wenn wir nichts dagegen unternehmen, werden Kinder aufwachsen, die mehr vom Okkultismus wissen als von der Macht Jesu. Obwohl die Lösung dieses ständig wachsenden Problems in der Familie beginnt, führt sie doch zu weiteren Konsequenzen. Wir sollten diejenigen, die für die Herstellung des okkulten Spielzeugs und die Produktion der Gewalt-Serien verantwortlich sind, wissen lassen, daß wir uns so etwas nicht länger bieten lassen. Beschwerdebriefe werden sehr ernst genommen, sowohl bei Fernsehanstalten wie auch bei Firmen, und ich möchte Sie ermutigen, von dieser Möglichkeit Gebrauch zu machen.

Aber Briefe allein reichen nicht. Fügen Sie dem Brief an Ihren Spielwarenhändler z. B. Kassenquittungen der letzten Monate bei, um zu beweisen, daß Sie ein guter Kunde sind. Schreiben Sie dem Verkaufsleiter auch, daß nicht nur Sie mit seinem Angebot — was das okkulte Spielzeug betrifft — nicht einverstanden sind, und ermutigen Sie Ihre Bekannten, auch ähnliche Briefe zu schreiben. Es bedarf einer gemeinsamen Anstrengung, um ein Ziel zu erreichen. Und wenn es darum geht, Satan zu bekämpfen, muß jede Kraft mobilisiert werden.

Denken Sie daran: Der Sieg ist des Herrn! Mit seiner Hilfe werden wir Satan bekämpfen — und einen weiteren *Aufruhr in der Spielzeugkiste* vermeiden.

Die Bilder auf den folgenden Seiten zeigen einige der im Buch behandelten Spielzeuge.

Masters of the Universe: He-Man

Masters of the Universe: Beast Man

Masters of the Universe

Fabelwesen, Mischung aus Pegasus und Einhorn

Masters oft the Universe: Battle Cat

Jesus Christus an einem Pentagramm gekreuzigt (aus einem Comic-Album)

Krieg der Sterne: Darth Vader

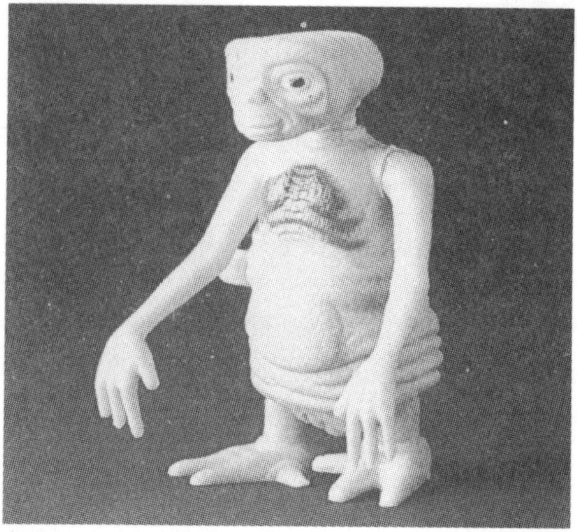

E.T.

Krieg der Sterne: Yoda

Regina Regenbogen (Rainbow-Brite)

Glücks-Bärchis

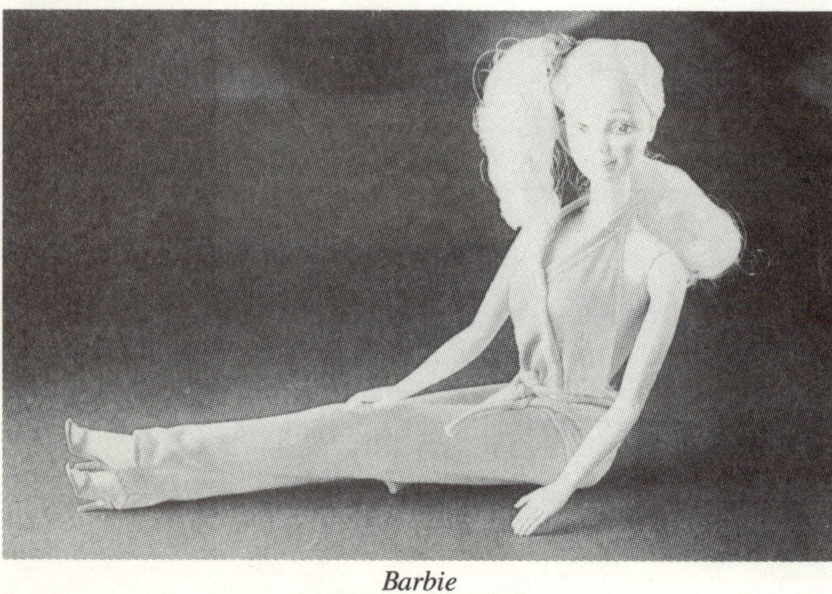

Barbie